休日が楽しみになる昼ごはん

料理 小田真規子
文 谷綾子

文響社

とある土曜の昼下がり…
13:57 土 日 月(祝)
気持ちのいい週末になりそうですね！
何かあったかな
お腹すいたな…
グゥ
また来週〜っ
パカッ
ヴーン
臨時ニュースです！
ラッキー！シュークリームあった〜
大変です！サタデー姫、サンデー姫、ホリデー姫の3姉妹が誘拐されてしまいました！今すぐ彼女たちを助け出さなければ休日のお昼ごはんが一生つまらなくなります！
SAT SUN HOLS
HELP!
BREAKING NEWS

プツン
えっ!?
何!? どういうこと…
ムクリ…
今すぐ姫たちを
助けに行くのです!!
あなたは知らないでしょう、1年365日のうち、
平均120日は"休日"なのです
ニャーン
まあ、週に2回はたしかに休日か…
月……
日 月 火 水 木 金 土
1 2 3 4 5 6 7
8 9 10 11 12 13 14
15 16 17 18 19 20 21
22 23 24 25 26 27 28
29 30 31
パンがうごいてしゃべってる…
そう! 週に2回を救うのです!!
さぁ早く!
めんどくさぁ〜
ニャーン

年間120日が楽しくなる
冒険に出かけよう

休日の昼ごはん、
それは「冒険」にもっともふさわしい食事です。
え？　どうして冒険なのかって？
それは、まだ掘り起こしていない未知の「楽しい！」を
たくさん発見できる可能性に満ちているから。

まず、休日というのは、平日よりも
リラックスした気持ちでキッチンに立てます。
だから「今日くらい、ちょっと工夫してみようかな？」と
はじめてのメニューに、前向きに挑戦できるのです。

そして、昼ごはんという食事は、
朝ごはんより「料理」としての満足感があるのに

夜ごはんより簡単に作れるものばかり。
チャーハンやパスタなど、一品で一つの世界が完結しているので
たった1か所の工夫でも、大きな変化に感じるのです。

ですから、これまで漠然と昼ごはんを食べていた方ほど
少し視点を変えてみるだけで、喜ばしい感情に出あえます。

「天津飯って、こんなに簡単に作れたんだ。知らなかった」
「温泉卵をのせるだけで、もうオムライスじゃん！」

太陽の光が差し込む中、家の食卓という、いちばん落ち着く空間で
昼ごはんにしかない特別な世界を味わう。
そうして昼ごはんの冒険で得た「楽しい体験」という宝物は、
いつか大切な思い出に変わっていきます。
それは、自分を奥のほうから支えてくれる、幸福な記憶となるのです。

遠くへ旅に出なくても、お金や時間をかけなくても、
自分の手で作れる、確実なしあわせがある。
それが、昼ごはんの冒険。

昼ごはんの冒険、取扱説明書

冒険といっても、それほど大変なことをするわけではありません。マンネリになっている昼ごはんに、ちょっとしたドキドキを加えてあげる。それがこの本の「冒険」の定義です。

1か所だけ冒険する

いつものうどんの、麺だけを変えてみる。いつもの卵サンドの、味付けを変えてみる。これはいつもの道から少しだけ反れて、変化を楽しむ冒険です。

作り方で冒険する

今までに作ったことのない料理を作ってみる。すると「この食材って意外と簡単に扱える」「あの味って、この調味料で作ってたんだ」といった発見が。これは、道のないところに、新しい道を切り開いていく冒険です。

食べ方で冒険する

たとえば、ただのおにぎりではなく具材に「アタリ」「ハズレ」を作ってみる。こうした企画性によって、食卓の空気が温まります。これは、いつもの道で見たことのない花をみつけるような、視点を変える冒険です。

休日の昼ごはんの現実的な効能

レパートリーが増える

たとえばガレット。「外では食べるけど自分で作るのは……」って思ってしまいますよね。でも、一度作ってみると「なーんだ！ こんな簡単なの？」と拍子抜けすると思います。もし失敗しても、夜ごはんより心理的負荷が少ないので、新しい料理に挑戦する絶好のチャンス。知らず知らず、料理のレパートリーが増えていきます。

お金が貯まる

昼ごはんを外で食べたり、コンビニで買ったりすると、どうしてもお金がかかります。もちろんそれも楽しいけれど、年間120日も積み重なると結構な金額に。でもたとえばP106のドライカレーの場合、自分で作れば原価142円ですむんです。好きなごはんを食べられて、お財布にも優しい。「貯まったお金で何しよっか？」と考える楽しみまでついてきます。

冷蔵庫がきれいになる

平日に買った野菜や肉が、微妙に残ってる……。休日の昼ごはんは、そんな食材をリセットするチャンスです。冷蔵庫に在庫を残したままだと、新しい食材を買うときに「あれまだ使い切ってないしなあ」と頭によぎりますよね。でも昼ごはんで使い切ってしまえば、午後、気分よく来週の食材を買えます。こうして、冷蔵庫にリズムができていくのも心地よい効能です。

冒険に出かける前に

「とりあえず買っとけ！」アイテム

休日の昼ごはんって、「家に食べるものがない」「同じものしか常備してない」という理由で、適当になってしまいがち。そうならないために、スーパーに行ったら、これらのアイテムをぜひカゴへ。何の変哲もなさそうな食材に見えますが、じつは冒険に役立つのです。

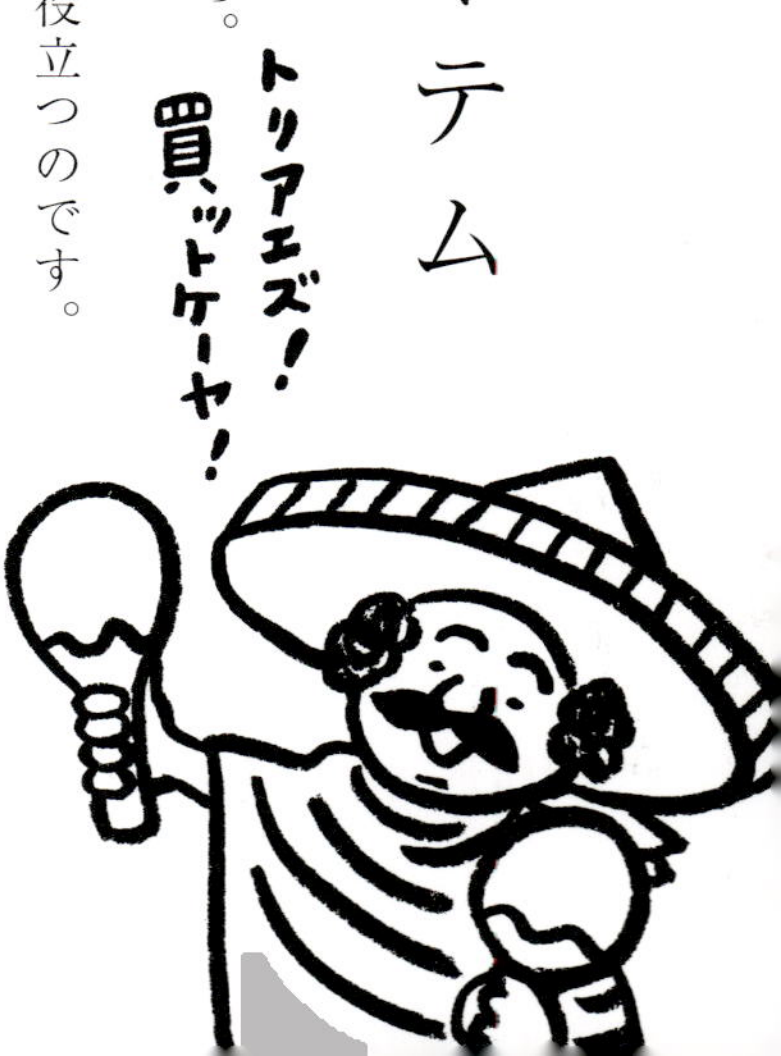

棚の中に

そうめん

2分あればゆであがるので、お腹ぺこぺこですぐ食べたいときに最適。じつは賞味期限が3年くらいある。長い。

インスタントラーメン

各メーカーが研究を重ねているだけあって奥深いジャンル。昼だけに許されたジャンクな至福。

そば

ポリフェノールやミネラル、ビタミンB群も含む、お得な主食。健康気分を味わいたいなら常備を。てやんでぃ。

パスタ

外食ランチの定番だけに、家で食べると「得した」感がすごい。最近は「3分早ゆで」など進化中。2年は持つ。

缶詰

ツナ缶、鯖缶、コンビーフ缶。スーパーで特売になっていたら、とりあえずカゴへ。「パスタの具がない！」ピンチにも重宝。

小麦粉

ガレット、クレープ、パンケーキ。いろんな形に姿を変える、優秀選手。開封しても2か月は持つ。最近は少容量タイプもある。

冷蔵庫・冷凍庫の中に

3つで
150円
1個
100円

中華麺

いわゆる中太麺。言われるがまま焼きそばにするもよし、ゆでてラーメンに使うもよし。冷凍もできるので、買っておいて損はなし。

朝食べない系のパン

パンはパンでも、朝ごはんではあんまり食べない、大きめの丸いパンやピタパン。朝にパンを食べた人でも、きっと違った気分になれる。そんなパン。

5玉入り
200円
200g
180円
1パック
198円

冷凍うどん

最近の冷凍うどんは、コシがあって美味なものばかり。冷凍庫は、ぎゅうぎゅうに詰まっているほど電気代の節約になるので、常に片隅に配置。

ひき肉

まな板も汚さず、火も早く通り、うまみを爆発的に増やしてくれる肉。冷凍しておくと、休日の自分に「よくやった」とほめられる救いの肉。

ハムやベーコン

生肉よりも賞味期限の長い、ハムやベーコン、ソーセージ。「肉っけがほしい」ときの救世主。スープやおじやの味出しにも使えて、程よいアクセントにもなる。

10個で
200円
meiji
明治
おいしい牛乳
牛乳
200ml
100円

買ットケー

卵

麺にも米にもパンにも合うたんぱく源。オムライスだと1人分で卵2個は使うので、意外とすぐになくなります。怖がらず10個入りを買うべし。さあ！

牛乳

麺のスープに、クリームパスタに。あれば、クリーミーなコクと満足感を与えてくれる。余ったら、水の代わりに飲めばよし。

▶保存の注意！　シンク下は湿気が多いので、ここには絶対、食品をしまわないように。コンロ下、または棚にしまっておけば、乾麺などは品質劣化を避けられます。

CONTENTS

LUNCH MENU

このもくじは、メニュー表としても使えます。
何を食べるか楽しく選びたいとき、
家族に「何食べたい？」と聞くときなどに、
こちらをメニュー代わりにしてお使いください。

材料がなかったら
「今日は売り切れでーす」
と言えばOK！

NOODLE

RICE

お米の休日昼ごはん…50

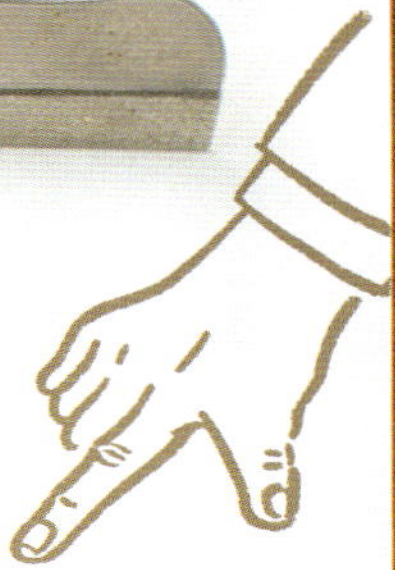

BREAD

パンの休日昼ごはん…82

ONE PLATE

外食よりも安くて楽しい

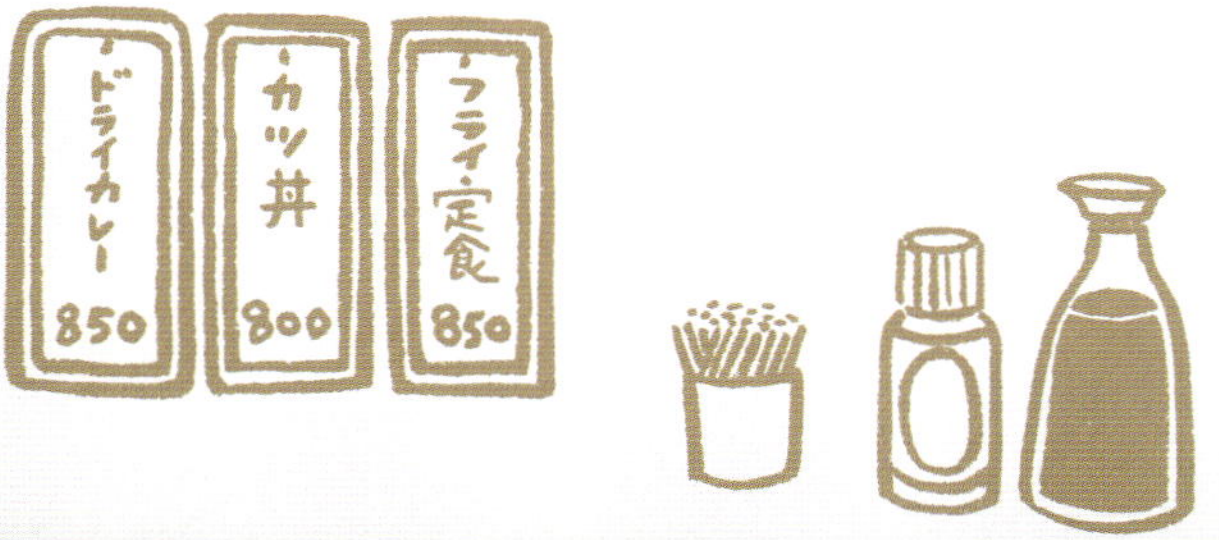

VARIOUS

いろいろ休日昼ごはん…112

休日だから、ブランチのすすめ

休日ならではの食事「ブランチ」。
これは、朝昼兼用の食事という意味で、
breakfastとlunchを
かけ合わせた言葉といわれています。

ブランチのいいところは、
その、解放感です。
ゆっくり作ってゆっくり食べられること。
作る回数が1回減ってラクになること。
そして、朝と昼を一食で摂るので、
いつもよりたくさん食べてもいいということ。

休日たくさん眠って、
起きるのが遅くなった日。
そんな日は作るのも食べるのも
スピードをゆるめて制約を解除。
休日だけに許された「あわいの食事」を
楽しんでみてください。

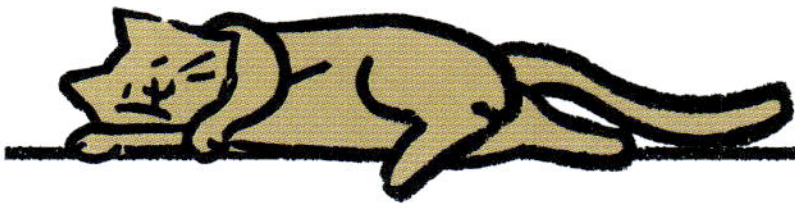

[本書のレシピについて]

・レシピは基本的に1人分です。2人分にしたいときは単純に2倍にしてください。
・本書に表示した大さじ1は15ml、小さじ1は5ml、1カップは200mlです。
・しめじなどのきのこは石づきを除いてください。
・作り方の中に「フタをする」という表記がない場合は、フタをせずに調理してください。
・レシピ中に「フライパン(20cm)」と書いてある場合、使用しているのは直径20cmのフライパンです。フライパンは20cmと26cm、鍋は16cmと20cmを使い分けることが多いです。
・作りながら迷わないよう、材料は太字になっています。
・調理時間は目安です。「ササッと」マークは15分以下で作れるメニュー。「ごめんね」マークは16分以上かかるメニューです。
・電子レンジの加熱時間は600Wを基準にしています。500Wの場合は加熱時間を約1.2倍にしてください。機種やメーカーによって差がありますので、様子を見ながら調節してください。
・値段はあくまで発売当時の目安です。

麺《めん》の休日昼ごはん

熱々、つるつる、ぷるぷる、しなやか、もっちり、ずるずる。
麺は、まるでリズムを刻むように食べられるおいしい食事です。
でも、一つだけ困ったことがあります。
それは、マンネリになりやすいこと。
パスタなら、市販のソースを絡めるだけ。焼きそばなら、炒めるだけ。
作るのが簡単だからこそ「麺でいっか」と選びがちですよね。
でも、そんなときこそ思い出してください。
じつは、家で作る麺は「旬」なのです。
麺の旬はとっても短く、ゆでてから10分も経てば、
のびる、かたまる、冷める……と、残念な味になってしまいます。
平日の昼間にはなかなか味わえない、麺が輝くわずかな時代。
そんな時代を堪能できる貴重なチャンスが、家で食べる麺なのです。
きっと、マンネリの影に隠れて、まだ試していない工夫があるはず。
さあ、麺の魅力を、新たに引き出す冒険に出かけましょう。

「けだるさ」が最高の調味料

昼下がりの釜玉うどん

気づいたら、時計は午後2時。お昼を食べるタイミングを完全に逃してしまった。放っておいたら、けだるいままで一日が終わってしまいます。そんな昼下がりには、釜玉明太バターうどん。

けだるくっても作れる簡単さ。なのに感じる鮮烈なおいしさ。卵のとろみとバターの香りで「けだるい」が「うっとり」に変わります。

明太子の持つ動物性のうまみが「だし」になるので、つゆを作る手間もかかりません。これなら関西・関東の戦いもけだるく避けられます。

材料（1人分）

- 冷凍うどん…1玉
- ちくわ（5㎜幅に切る）…1本
- 明太子（粗めにちぎる）…1/2腹（30g）
- バター…10g
- 卵…1個
- 万能ねぎ（小口切り）…適宜

ササッと 10分

作り方

①フライパン（26cm）に1カップの熱湯を沸かし、**うどん**を入れる。フタをして、中火で3〜4分蒸しゆでにする。

②**ちくわ**を加えてひと混ぜし、へらでおさえて湯を軽く切る。

③器に盛り、**明太子・バター・卵**をのせ、**万能ねぎ**を散らす。混ぜながらいただく。

主役が変われば芝居も変わる！

今度の休日は、スーパーの麺売り場をよーく見て。今まで買ったことのない麺で、右のうどんを試してみましょう。同じお芝居でも、主役が変われば、それだけで新鮮に感じるものです。

稲庭うどん

秋田の稲庭という地域で生まれた干しうどん。うどんより細く、そうめんよりはだいぶ太い。コシがあるのに、つるつるなめらかなんだべ。

きしめん

ぺらぺらとした平打ちの麺で、名古屋名物の一つ。ほうとうよりも薄い。いったんもめんが麺になったら、たぶんこんな感じだみゃー。

生うどん

いわゆる「打ち立て」のうどん。もちもち感やコシは、専門店顔負け。10分以上ゆでる麺もあるが、それも含めて「うどん王」の風格じゃ。

ほうとう

山梨の郷土料理。平打ちだけど厚みがあって、かぼちゃなどの野菜とともに味噌で煮込む。あ、「うどん」と言うと怒られるかもしれないずら。

ズボラーさんの平謝り

お湯、沸かすのめんどうなんで、冷凍うどんはレンジでチンしてます。2〜3分でできあがり。
器もいっしょにあったまるから、お得です。
まあ、昼下がりじゃなくても、だいたいけだるいんで……。

いつものうどんに飽きたなら

ぶっかけうどん 味バリエ

営業中

うどん屋さんにありそうでない、家だからこその組み合わせ。暑い日はうどんを水でしめて冷たく。寒い日は丼を温めて熱々で。めんつゆなしでもおいしい味バリエです。材料を全部混ぜて、うどんにぶっかけるだけ！

・ピリ辛納豆だれうどん 四五〇

おすすめ麺…生うどん

材料
- ひきわり納豆…50g
- しょうゆ…大さじ1
- 酢・砂糖…各小さじ1
- ラー油…15滴

ひきわり納豆は、太いうどんによく絡み、のどごしもトゥルットゥル。砂糖でうまみが加わって、酢の酸味でキレ味もよくなります。ラー油の刺激がやみつきに。

・ツナごま味噌うどん 四五〇

おすすめ麺…ほうとう

材料
- ツナ缶（汁気をきってほぐす）…1缶
- しょうが（みじん切り）…1かけ
- 味噌…大さじ2
- ごま油…小さじ1
- 水…1/3カップ

しょうがは、すりおろしではなくみじん切りにすることで、ひと噛みごとにピリッと刺激が。仕上げにわさびと刻みごまをふって、さらに風味をプラス。「しっかり食べた！」の声、続々。

トマトオリーブ油うどん 四〇〇

おすすめ麺…稲庭うどん

材料
- トマト（すりおろす）
 …1個（150g）
- 塩…小さじ1/2
- しょうゆ…小さじ1
- オリーブ油…小さじ2

うどんが和風と誰が決めた？ トマトはよく熟れた赤いものを、ヘタのないほうからおろし金ですりすり。さっぱりした酸味の奥から訪れる、グルタミン酸のうまみ。青じそをちぎってのせて、ちょっと日本をこんにちは。

梅とろろうどん 五〇〇

おすすめ麺…きしめん

材料
- 長芋…120g（正味100g）
- 塩・しょうゆ…各小さじ1/2
- 牛乳…1/4カップ
- 梅干し（種を取って叩く）…適量

長芋はビニール袋に入れて叩くか、ぬらしたペーパータオルの上で細かく刻んで。ポイントは牛乳。しょうゆと牛乳は、合わせるとだしの代わりになるんです。わさび、かいわれを添えると、さらに大人の味。平日の疲れを取りたい休日、梅の酸味ととろろの優しさで、ひと口ごとに癒やされます。

「とびきりもやし炒め」をのせて

インスタントラーメン特別編

今、インスタントラーメンしかない。なのに、王様が来ちゃった！

ありますよね。そんなピンチ。いつもなら残り野菜や肉を入れて完成させますが、王様だとそうもいきません。でも、もやしがあれば大丈夫。

「もやしなんて、最安野菜じゃん？」いやいや、きれいに処理したまっすぐもやしは、中国では古くから宮廷料理にも使われるほど、シャキシャキで美味な高級食材なのです。

さあ、もやしの本気、味わってみませんか？

材料（1人分）

ササッと 15分

- インスタントラーメン（しょうゆ味）…1袋
- もやし…1袋（200g）
- にんにく（粗みじん）…1かけ
- ごま油…大さじ1/2
- A
  - 水…大さじ2
  - 片栗粉・オイスターソース…各小さじ1
  - 塩…小さじ1/4
- こしょう…多め

作り方

①**もやし**はひげ根と先を取る。

②フライパン（26cm）に**ごま油**を中火で熱し、**にんにく・もやし**を広げる。少し火を強めて、押しつけながら2分焼く。

③上下を返して中央を開け、混ぜた**A**を入れる。混ぜてとろみがついたら**もやし**全体に絡める。

④**ラーメン**を袋の表示通り作り③をのせて**こしょう**をふる。

“とびきりもやしレッツ”の作り方

この作業、意外と時間がかかります。だけど、食べた瞬間の喜びを思えば、手間をかける価値は十分にあり。だまされたと思って、レッツもやし！

水の入ったボウルに5分以上つけたあと、プチッと取ってざるに入れます。手にひげ根がついたらボウルでサッと洗いましょう。左にザル、右にボウルと横に並べて。

撤去

もやしはこの豆からエネルギーをもらってのびています。腐りやすいし食感がゴワつくので撤去！

撤去

いわゆる「ひげ根」は、これから成長していく先っぽ。絡まって水分を含みやすいのでムレ臭除去のためにも撤去！

その時間は、無駄じゃない！

達成感が味わえる

「10分以内に終える」など、目標時間をめざして集中。小テストさながらの達成感です。

もやしと一つになれる

私はもやし。もやしは私。

無の境地に至れる

同じ動作をひたすら繰り返す。これ、写経と同じです。家にいながら修行ができて、一石二鳥！

いやなことを忘れられる

平日あったいやなことを、もやしのひげ根に投影。きれいになったもやしを見れば、気分もすっきり。

「ごまだれ」だけで味付けできる

ごまごま担々麺

担々麺の魅力は、何といってても押し寄せるごま感ですよね。この「う～ん、ごま！」って感じのごま感、市販の「しゃぶしゃぶ用のごまだれ」で出せるんです。

「そんなもので、ごま感が出せるの？」大丈夫。ごまだれでひき肉をしっかり炒めると、肉の脂がこんがり焦げて、濃いごま味になるんです。

　あ、ちょっとこまごまとごまごま言いすぎですよね。すみません。ごま。

材料（1人分）

ササッと 15分

- 中華麺（生）…1玉
- もやし…50g
- ニラ（4cm長さに切る）…30g

A
豚ひき肉…60g
ごまだれ…大さじ2

B
水…1・1/2カップ
ごまだれ…大さじ3〜4
ラー油…小さじ1/2

作り方

①**もやし**はひげ根と先を取る。
②鍋に**A**を入れて混ぜ、中火にかける。箸4本を使ってポロポロになるまで炒る。
③②を取り出し、鍋に**B**を入れる。中火にかけ、煮立ったら**もやし・ニラ**を加えてひと煮する。
④**中華麺**はたっぷりの熱湯で表示より固めにゆで、汁気をきって器に盛る。
⑤③のつゆを麺にかけ、②のそぼろをのせる。あれば**長ねぎ**のみじん切りを散らす。

残った調味料再雇用!

採用

冷蔵庫に残ってしまった、市販の合わせ調味料。ごまだれ以外にも結構ありますよね。思い切って捨てる？ いやいや、彼らはまだやれる。せっかくなので、スープに再雇用しちゃいましょう。担々麺のスープの味替えにも使えますよ。

不当解雇反対!

めんつゆ（2倍希釈）大さじ2
焼き肉のたれ 大さじ3

オレタチハマダ働ケル!

ごまドレッシング 大さじ2
味つけポン酢 大さじ1

求ム!再雇用!

ゆずこしょう 小さじ1
めんつゆ（2倍希釈）大さじ2

そぼろを作るなら、めんつゆ大さじ1で味付け

そぼろを作るなら、ごまドレッシング大さじ2で味付け

そぼろを作るなら、焼き肉のたれ大さじ2で味付け

300mlの熱湯を注いで…

ゆず風味スープ
ゆずこしょうの香りがふわっと鼻に残る。冬に飲みたいスープ。

さっぱりごまスープ
まろやかな酸味のさわやかスープ。あとから追いかけてくるごまのコク。

スパイシースープ
肉が入っていないのに肉っぽい。気づいたら飲み干してしまう罪な味。

＼新しい自分、はじまる。／

恐怖！小皿地獄

うちの食卓、アジアの屋台

そうめんパーティー

「えー、またそうめん？」夏、あちこちの家から聞こえるこの声を、そうめんは、悲しい気持ちで聞いています。

「それはぼくのせいじゃない。それは……めんつゆのせいだ！」というわけで、そうめんの可能性を追求した、新しい食べ方をご紹介します。

　まるでアジアの屋台のように、下の「野菜」「たんぱく質」から好きな具をのっけましょう。そして「味付け」の調味料を全部かけたら、ぐるぐるっとよく混ぜて。味の肝は砂糖。甘くならずにコクが出て、一気にうまみが増すんです。

　何をどう選んでもおいしくなる。だから気づけば２人で４把はペロリです。

鶏そぼろの作り方

フライパン（26cm）に**ごま油**（小さじ2）を入れて中火で熱し、**鶏ひき肉**（200g）を広げ入れ、2分焼きます。**塩**（小さじ1/2）、**みりん**（大さじ2）、**こしょう**（小さじ1/4）を加えて水分を飛ばせばできあがり。

刻みごま
ごま油
しょうゆ
味付け
レモン（または酢）
ラー油
必ず入れて！味の肝
砂糖
小皿のほうがじつは洗うのラク～♪
サササッと 10分
小皿鬼だぞっ
洗い物増やすぞっ

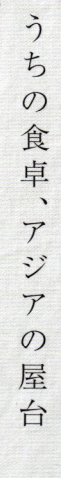

全部そろえるのがめんどくさい！なら

最初からこの盛り付けで。

①紫玉ねぎ、香菜

②鶏そぼろ、サラダえび

③しょうゆ＋砂糖＋ごま油
＋ラー油＋レモン

ねえ…
小皿は…？
ツン

そうめんは、ひと口大に丸めて盛り付けると、美しく、そして食べやすくなります(P31参照)。

野菜
たんぱく質
紫玉ねぎ
(薄切り)
サラダえび
セロリ
(薄切り)
香菜
(3cm長さ)
パプリカ
(細切り)
鶏そぼろ
洗えよっ
ベビーリーフ
サラダチキン
(ほぐす)
ペロッ

そうめんの思い込み

そうめんは結局、そうめんでしかないよね

冷製パスタにもなります

「この世界は退屈だ」と悪態ついてるそこの諸君。
ほんとうにそうじゃろうか？
自分が知っていることだけが、世界ではない！
今こそ、あらゆる思い込みから抜け出すのじゃ！
そう、そうめんは、希望なのじゃ！

諸君は「カペッリーニ」という
パスタをご存じか？
これは直径0・8〜1・3㎜と
髪の毛にたとえられるほど
細いパスタなんじゃ。
で、じつはそうめんも
ほぼ同じ細さなんじゃ。
そして主成分は同じ小麦粉。
諸君、わかるかな？
つまりそうめんは、
ほぼカペッリーニなんじゃ。
自分の思い込みが作り上げた
小さな箱。取っ払えば、
サナギは蝶になるんじゃ。

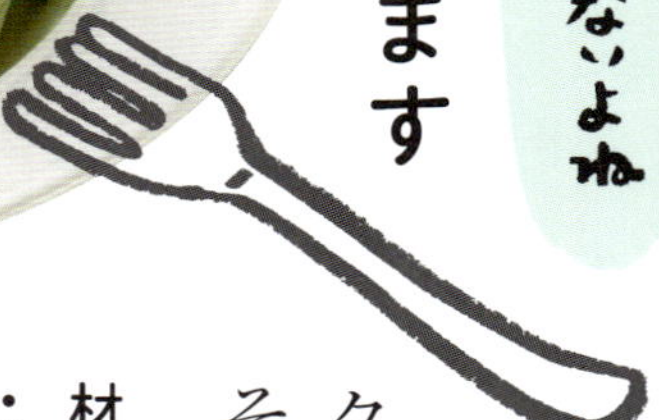

クリームチーズとサーモンのそうめんパスタ

ササッと 10分

材料（1人分）

- そうめん（乾麺）…2把（100g）
- 玉ねぎ…1/4個
- クレソン…10g
- クリームチーズ…30g
- スモークサーモン…3枚

A
オリーブ油…大さじ1
酢…小さじ2
塩…小さじ1/2
こしょう…少々

作り方

① **玉ねぎ**は薄切り、**クレソン**は4cm幅に切り、冷水に10分放つ。
② **チーズ**は1cm角に、**サーモン**は2〜3等分に切る。
③鍋に熱湯を沸かし、**そうめん**をゆでる。ゆであがったらざるにとり、すぐに冷水でよく冷やす。冷えたら、よく水気をきる。
④③に、水気をきった①・**A**を和え、②を加えて混ぜる。お好みで**レモン**を絞る。

結局、ゆでるか煮るかしかないよね
炒めても、揚げてもイケます

なんじゃ、諸君はもう、そうめんをあきらめたのか？
そうめんをあきらめることは、
自分自身の可能性をあきらめることと同じじゃ。
さ、だまされたと思って、そうめんを炒めてみるがいい。
麺が細いから味もしっかり絡むし、もちっとしていて驚くぞ。
それから油で揚げてもスナックみたいでうまいんじゃ。
どうじゃ。自分をあきらめるということが、
いかに愚かな選択か、これでわかったじゃろう。愚！

庶民的な料理だから、お客さんには出せないか
出せる！

庶民と貴族。同じ人間なのに、ふしぎとそこには明確な線がある。
しかしその違いは本質的なものではない。身につけたもの。振る舞い。
本質とは何ら関係ない部分で判断されているのである。
そう、そうめんも、見た目に少し気をつかえば、
こんなに美しい姿に生まれ変わるのじゃ。
ま、多少の犠牲はともなうがな。

炒める

ゆでたそうめんを、卵や豚肉、残り野菜と油で炒めます。「焼きそばより好き」の声も（P81参照）。

揚げる

フライパンに多めの油を入れ、ゆでて水気をきったそうめんを揚げます。皿うどんのようにあんかけもよし。塩をふっておつまみもよし。

よりよいそうめんを探しつづけるには…

犠牲

少量のそうめんの端を、ひもなどで結ぶ。

そのまま表示どおりにゆでて、結んだ部分を切る。

味噌汁に入れて救う手も

流れを活かして、くるりと盛り付ける。

巻くのだ
くるりと

「たっぷりのお湯」からの卒業

11時のクリームパスタ

お休みの前日は、目覚まし時計なんてかけないで、眠れるだけ眠りたい。そんな翌日、目が覚めたのは11時。朝と昼の中間の、気持ちいい空腹には、重すぎず軽すぎない、パスタがぴったりはまります。

でもパスタでめんどうな「たっぷりのお湯」は沸かさなくていい。その代わり、フライパンで「煮る」のです。煮汁＝ゆで汁なので、余計な水分を吸うことなく、食感もつるつるのアルデンテに仕上がります。

ちょっと遅めの「おはよう」がしあわせ。そんなブランチに。

材料（**1人分**）

- スパゲティ…100g（1.6mm／9分ゆで）
- 玉ねぎ（薄切り）…1/2個
- ミックスチーズ…50g

A
水…1・1/2カップ
オリーブ油…小さじ1
塩…小さじ1/2

B
ソーセージ（斜め5mm幅に切る）…3本
牛乳…1/2カップ
こしょう…適宜

ササッと 15分

作り方

①**スパゲティ**は半分に折る。
②フライパン（26cm）に**玉ねぎ・スパゲティ・チーズ**を順に入れる。**A**を全体にかける。
③フタをして中火にかけ、煮立ったら、そのまま8分煮る。
④フタを取り、**B**を加えて、ほぐしながら全体に絡むまで3〜4分火を通す。

わがままオーダー応えます！

自分の食べたい味を追求する。
それがマダム！
右のパスタをちょっと変えて
マダムのわがままに応えるのだ！

レシピの牛乳1/2カップを変えて…

トマトソースはないの？

は、ただいま！Bの牛乳を、**トマトジュース1/2カップ**に変えればすぐにできます。あっさりめのトマトパスタでよろしいでしょうか？

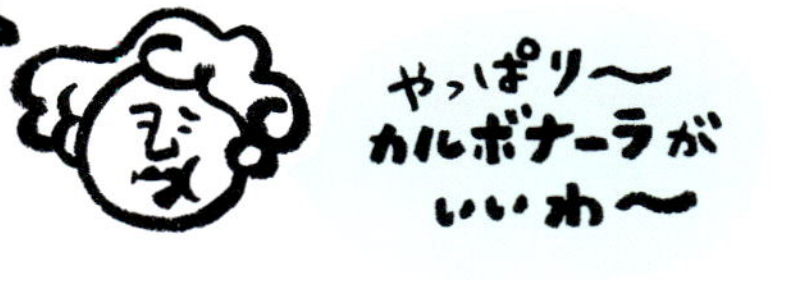
やっぱり〜カルボナーラがいいわ〜

は、ただいま！**卵1個**と**粗びきこしょう**を加えればすぐにできます。コクを出したければ卵黄だけにいたしますが、いかがいたしましょう？

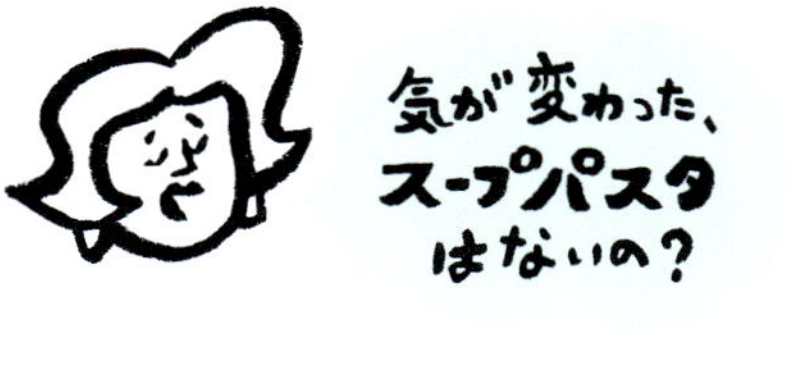
気が変わった、スープパスタはないの？

は、ただいま！Bの**牛乳**を**1カップ**に増やし、**水1/2カップ**と**塩小さじ1/3**を加えます。最後の煮込みは2分にし、水分を飛ばさないようにすれば、クリーミーなスープが……。

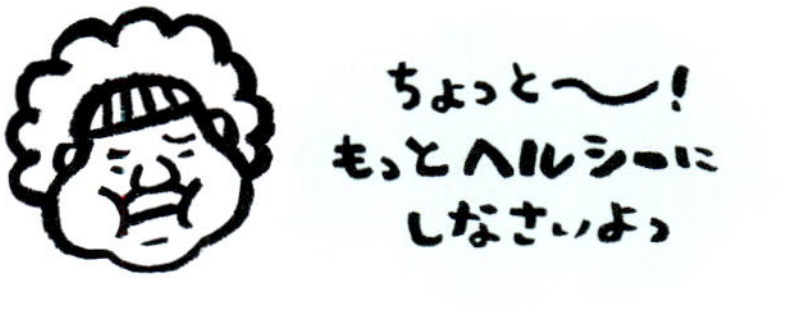
ちょっと〜！もっとヘルシーにしなさいよっ

は、ただいま！Bの牛乳を**豆乳（無調整）1/2カップ**に変えて、最後の煮込み時間を2分にすれば、豆乳が分離せずにすみます。お客様、いかがでしょうか？

あ、今日、パスタじゃなかったわ

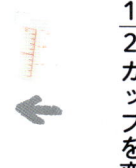

充実小麦！ パスタ36連発！

「もう毎週、パスタでもいい」というくらい、パスタ好きのみなさん。やりましょう。やってやりましょう。毎週パスタを実現するのです。「さすがに毎週は……」という方は、そうめんに変えてもおいしいですよ。

くわしいレシピはP40・41

パスタカタログ

スパゲティ

直径1.6～2㎜の、ひも状のパスタ。メーカーによって「コシ・うまみ系」「もちもち系」「わが道を行く系」などの特徴があるので、ぜひ何社か食べ比べてみて。

カペッリーニ

直径0.8～1.3㎜のパスタ。麺が細いのでソースや細かい具材も絡ませて食べやすいのが特徴です。とくに冷製で食べるのに向いています。

フェットチーネ

リボンのような平たいパスタ。ソースより、麺が口に入ってくる量が多いので、濃厚なソースと合わせて。生麺のほうが粉の味をより味わえておすすめです。

ペンネ

筒状のパスタ。しっかりしていて、水を吸ってものびにくいのが魅力です。長い時間おいしく感じられて、フォークでつつけるので、おつまみ向き。

リングイーネ

断面が楕円形のパスタ。スパゲティとフェットチーネの中間のような存在ですが、スパゲティよりものびにくいのが利点。食べごたえもあり、どんなソースにも合います。

フジッリ

表面積が大きい、らせん状のパスタ。この隙間にソースが入り込んで、初めてパスタが完成するといっても過言ではありません。トマトなど具材が多めのソースと相性◎。

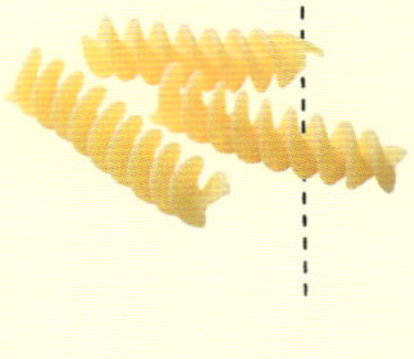

和える

1

粉チーズ＋バター＋こしょう

バターとチーズの濃い風味。牛ってやっぱり偉大だな。

2

のり＋わさび＋ごま油＋しょうゆ

Omotta ijou ni nori!

3

角切りトマト＋アンチョビ＋オリーブ油

オリーブオイル使いまくる気持ちわかるわー。

4

青のり＋粉チーズ＋オリーブ油

ジェノベーゼかと思いきや、磯! おいしい裏切り。

5

水菜＋しらす＋ごま油＋しょうゆ

しらすって、パスタに和えられるために生まれてきたんだ!

6

お茶漬けのもと＋バター

絶対おいしいあの味に、バターが参戦。まさかのお茶漬け超え。

7

乾燥わかめ＋桜えび＋バター＋しょうゆ

主演…バターじょうゆ　香り…桜えび　食感…わかめ。名作！

8

アボカド＋レモン＋油＋塩

レモンの酸味がパッとくる。パスタの甘みがほくそ笑む。

9

ちくわ＋青じそ＋ゆずこしょう

ちくわはパスタにかなり合う。ゆずこしょうの気品!

10

**万能ねぎ
＋味噌＋バター**

「ねぎ･味噌･バター、私と組んで!」

伝説が今始まる…。

11

**しらす＋香菜＋ナッツ
＋しょうゆ＋ラー油**

くるみのコクは一食の価値あり。
香菜の好き嫌いは置いといて。

12

**ニラ＋オイスターソース
＋カレー粉
＋ごま油＋ナッツ**

なんだこのオリエンタル!
ニラとアーモンドが効いてます。

13

**塩昆布＋かいわれ
＋マヨネーズ**

昆布とマヨはおしどり夫婦。しのびよるかいわれの辛み…姑!?

14

**ゆかり＋オリーブ油
＋青じそ**

ねぇ知ってる?
ゆかり、パスタにも合うの!

15

**天かす＋万能ねぎ
＋めんつゆ**

え、天ぷらうどん?

16

キムチ＋マヨネーズ

キム兄、マヨ子。
絡み合う複雑な愛…輪舞曲《ロンド》。

17

のせる

**のり佃煮
＋大根おろし＋わさび**

パスタですよ!

18

**大根おろし＋なめたけ
＋卵黄**

あ、これ
子どもも好きな味だ。

19

明太子＋とろろ

バターがとろろに
嫉妬する。キーッ！

20

福神漬け＋カニかま＋ラー油

スーパーの端と端にいる二人。
でも赤い糸で結ばれていた！

21

オクラ＋ハム＋マヨ＋しょうゆ

お昼にみつけた星空パスタ。
緑色だけどね。

22

しば漬け＋ツナ＋青じそ

しば漬けの酸味とツナのコク。
知的に衝撃、インパク知。

23

刻みごま＋生卵＋のり＋しょうゆ

もう、卵かけパスタだね。

24

いかの塩辛＋バター＋万能ねぎ

コクの二大巨塔が夢の共演。
口の中に余韻が残ってうっとり。

突然！Q&A

Q パスタの味が決まらない…

A ゆでるときの塩が肝

1.5%の塩分が、パスタにちょうどいい塩気を与えます。1リットルのお湯に、大さじ1杯の塩が適量です。ここでしっかり味を付けておくと、あとでぐだぐだ味付けしなくてもすみます。また、表示時間の1分前くらいにざるにあげると、のびにくくなります。

Q 生パスタっぽくしたいんですけど…

A 一晩水につけましょう

今は乾物のパスタ。でも、もとは生パスタだったわけです。ですから、ひじきみたいに「もどす」感覚で、冷蔵庫で一晩水につけてみてください。翌日、袋の表示より短めにゆでれば、もちもちに！

ガーリックオイルで和える

25

パセリVer

は

ガーリックオイル

もう誰にも会わなくていいから
ずっと食べてたい。

26

万能ねぎVer

ガーリックオイル＋じゃこ

濃縮された塩気と食感。
「カルシウム摂ってる!」って感じ。

27

パセリVer

ガーリックオイル＋ミニトマト

「ねぇこれ、トマト多いから
もうサラダだよね?」と女子。

28

パセリVer

ドヤッ

ガーリックオイル＋ゆでだこ

たこの満足感! もうパスタなし
でもいい。

29

パセリVer

ガーリックオイル＋アンチョビ

やんちゃなガーリックに
アンチョビが大人の世界を
教える。「ロックで」

30

パセリVer

ガーリックオイル＋コーン＋ベビーリーフ

にんにく＝大人、コーン＝子ども。
すなわち老若男女。

上のパスタに使える ガーリックオイルの作り方

材料（2回分）

・にんにく…4かけ
・オリーブ油…1/2カップ
A
パセリ（みじん切り）…大さじ4
赤唐辛子（種を取る）…2本
塩…小さじ2/3

作り方

①Aの**赤唐辛子**は水（1/2カップ）に5分つけ、小口に切る。
②**にんにく**は縦半分に切り、芯を除いてみじん切りにする。
③フライパン（20㎝）に**油・にんにく**を入れて5分つける。弱火にかけ、7〜8分程度煮る。薄いきつね色になったら、**A**を加える。

パセリと万能ねぎは、
好みで変えていい。
弱火でじっくり煮て、
俺のエキスを引き出しな！
2週間くらいは日持ちするぜ。

トマトソースで和える

31

トマトソース
＋ソーセージ＋一味

あれっ　一味が　遅れて
効いて　くるよ。

32

トマトソース
＋粉チーズ

リコピンって、
かわいいよね。

33

トマトソース
＋かに＋牛乳

外で食べると高いよね。
かにトマトクリームパスタ。

34

トマトソース＋ツナ

“肉”じゃない。“魚”でもない。
「ツナ」だよね。

35

トマトソース＋のり

Yappari omotta ijou ni nori!

36

トマトソース＋バジル
＋人を許せる心

平日、イライラしていた
あなたへ。

上のパスタに使える
トマトソースの作り方

材料（2回分）

・にんにく…1かけ
・玉ねぎ…1/4個
・オリーブ油…大さじ2
A トマトの水煮缶…1缶（400g）
　塩…小さじ1/2

作り方

①**にんにく**はへらなどでつぶし、**玉ねぎ**はみじん切りにする。**A**の**トマト**は手でつぶす。
②フライパン（20cm）に**油**・**にんにく**を入れて中火にかける。**にんにく**が色づいたら**玉ねぎ**を加えてしんなりするまで2〜3分炒める。
③**A**を加えて強火にし、煮立ったら弱火で2/3量になるまで9〜10分混ぜながら煮詰める。

パスタ味付けレシピ一覧

P35～39で紹介したパスタの、1人分（乾麺100g）の味付けレシピです。一度でピタリとおいしさを決めたいあなたへ。2人以上の場合は、単純に倍数にしていただければ大丈夫です。

和える

1 

粉チーズ＋バター＋こしょう
- 粉チーズ…大さじ2
- バター…10g
- こしょう…小さじ1/4
- 塩…少々

2 

のり＋わさび＋ごま油＋しょうゆ
- のり（ちぎる）…全形1枚分
- 練りわさび…小さじ1/2
- ごま油…小さじ1
- しょうゆ…小さじ1～大さじ1/2

3 

角切りトマト＋アンチョビ＋オリーブ油
- トマト（角切り）…100g
- アンチョビ（刻む）…4枚
- オリーブ油…小さじ2
- あればベビーリーフ…10g
- 塩…少々

4 

青のり＋粉チーズ＋オリーブ油
- 青のり…大さじ1
- 粉チーズ…大さじ2
- オリーブ油…小さじ2
- 塩…少々

5 

水菜＋しらす＋ごま油＋しょうゆ
- 水菜（2cm長さに切る）…10g
- しらす…20g
- ごま油…小さじ1
- しょうゆ…小さじ1～大さじ1/2

6 

お茶漬けのもと＋バター
- お茶漬けのもと…1袋（5.5g）
- バター…10g

7 

乾燥わかめ＋桜えび＋バター＋しょうゆ
- 乾燥わかめ…大さじ1
- 桜えび（刻む）…大さじ4
- バター…10g
- しょうゆ…小さじ1～大さじ1/2
- ゆで汁…少々

8 

アボカド＋レモン＋油＋塩
- アボカド（角切り）…大1/2個（100g）
- レモン汁…大さじ1
- サラダ油…小さじ1
- 塩…小さじ1/4

9 

ちくわ＋青じそ＋ゆずこしょう
- ちくわ（小口切り）…1本
- 青じそ（ちぎる）…2枚分
- ゆずこしょう…小さじ1/2
- サラダ油…小さじ2
- しょうゆ…少々

10 

万能ねぎ＋味噌＋バター
- 万能ねぎ（小口切り）…5本
- 味噌…小さじ2
- バター…10g
- ゆで汁…大さじ1

11 

しらす＋香菜＋ナッツ＋しょうゆ＋ラー油
- しらす…20g
- 香菜（刻む）…10g
- ミックスナッツ（刻む）…10g
- しょうゆ…小さじ1～大さじ1/2
- ラー油…10滴

12 

ニラ＋オイスターソース＋カレー粉＋ごま油＋ナッツ
- ニラ（1cm長さに切る）…10g
- オイスターソース…小さじ2
- カレー粉…小さじ1/2
- ごま油…小さじ1
- ミックスナッツ（刻む）…10g

13 

塩昆布＋かいわれ＋マヨネーズ
- 塩昆布…10g
- かいわれ（3cm長さに切る）…5g
- マヨネーズ…大さじ1

14 

ゆかり＋オリーブ油＋青じそ
- ゆかり…小さじ1/2
- オリーブ油…小さじ2
- 青じそ（ちぎる）…2枚分

15 

天かす＋万能ねぎ＋めんつゆ
- 天かす…大さじ2
- 万能ねぎ（小口切り）…2本
- めんつゆ（2倍希釈）…小さじ2

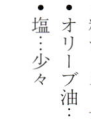

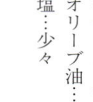

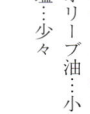

のせる

16 

キムチ＋マヨネーズ
- キムチ（刻む）…30g
- マヨネーズ…大さじ1

17 

のり佃煮＋大根おろし＋わさび
- のり佃煮…大さじ3
- 大根おろし（軽く水気をきる）…100g
- 練りわさび…適宜

18 

大根おろし＋なめたけ＋卵黄
- 大根おろし（軽く水気をきる）…50g
- なめたけ…大さじ3
- 卵黄…1個
- 塩…少々

19 

明太子＋とろろ
- 明太子（薄皮をむく）…大1/2腹（50g）
- 長芋（皮をむいて刻む）…30g
- 塩…少々

20 

福神漬け＋カニかま＋ラー油
- 福神漬け（赤）…30g
- カニかま（半分に切ってほぐす）…3本
- ラー油…小さじ1/4
- 塩…少々

21 

オクラ＋ハム＋マヨ＋しょうゆ
- オクラ（生の薄切り）…3本
- ハム（細切り）…3枚
- マヨネーズ…大さじ1
- しょうゆ…小さじ2

22 

しば漬け＋ツナ＋青じそ
- しば漬け（荒く刻む）…30g
- ツナフレーク缶（汁気をきる）…小1/2缶（35g）
- 青じそ（ちぎる）…2枚分

23 

刻みごま＋生卵＋のり＋しょうゆ
- 刻みごま…大さじ1
- 生卵…1個
- のり（ちぎる）…全形1/2枚分
- しょうゆ…大さじ1

24 

いかの塩辛＋バター＋万能ねぎ
- いかの塩辛…大さじ3（50g）
- バター…10g
- 万能ねぎ（小口切り）…5本

ガーリックオイルで和える

すべてガーリックオイル1回分を使用します。

25 

ガーリックオイル

26

ガーリックオイル（万能ねぎVer）＋じゃこ
- ちりめんじゃこ…大さじ3

27 

ガーリックオイル＋ミニトマト
- ミニトマト（四ツ割）…6個分
- 塩…少々

28 

ガーリックオイル＋ゆでだこ
- ゆでだこ（薄切り）…50g

29 

ガーリックオイル＋アンチョビ
- アンチョビ（刻む）…2枚

30 

ガーリックオイル＋コーン＋ベビーリーフ
- ホールコーン…50g
- ベビーリーフ…20g
- 塩…少々

トマトソースで和える

すべてトマトソース1回分を使用します。

31 

トマトソース＋ソーセージ＋一味
- ソーセージ（輪切り）…2本
- 一味唐辛子…少々

すべて合わせて3分煮るかレンジで温める

32 

トマトソース＋粉チーズ
- 粉チーズ…大さじ1

33 

トマトソース＋かに＋牛乳
- かに缶（汁気をきる）…小1/2缶（28g）
- 牛乳…大さじ2

34 

トマトソース＋ツナ缶
- ツナ缶（汁気をきる）…小1/2缶（35g）

35 

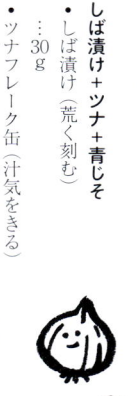

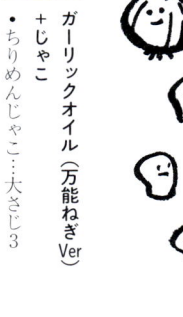

トマトソース＋のり
- のり（細かくちぎる）…全形1枚分

36 

トマトソース＋バジル＋人を許せる心
- バジル…適宜
- 愛…適宜

天ぷらじゃなくて「揚げ焼き」に

癒やしの野菜そば

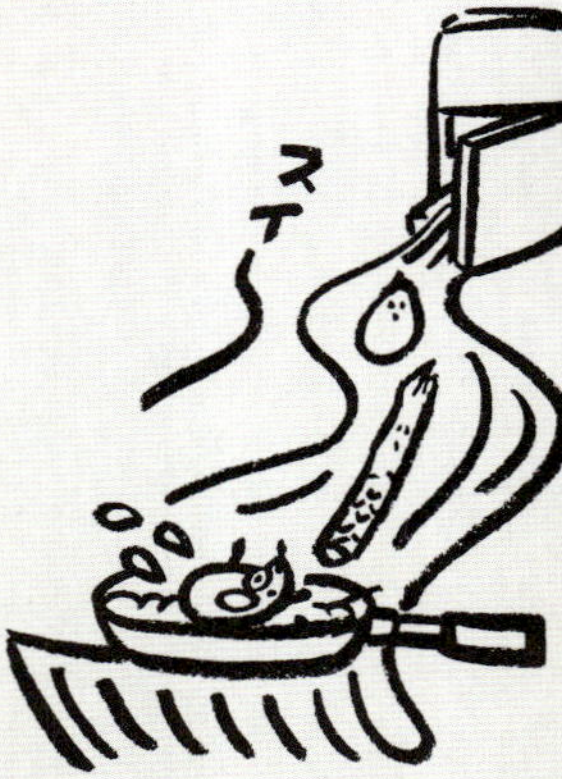

世の中にはいろいろな麺があります。でも、麺それ自体に香りがある麺って、存在するのでしょうか？

あるんです。そばなんです。そば好きに言わせると「畳のい草」のように、本能的に心を癒やす上品な香りがそばの魅力。そこに動物性のめんつゆのうまみが合わさったとき、食欲がむくむくと湧いてくる。だから、癒やされたい日は、そばにかぎります。

この香り、天ぷらだと強すぎて損なわれてしまう、とそば好きは語ります。そこで野菜は揚げ焼きに。冷蔵庫に残った野菜も有効活用できますよ。

材料（1人分）

A 水…1カップ
削り節…1袋（約5g）
しょうゆ・みりん
…各大さじ3

- そば（乾麺）…100g
- なす…1本
- アスパラガス…2本
- ごま油…大さじ2
- 大根おろし…適量

ササッと 15分

作り方

①**A**は前日に合わせて、冷蔵庫に入れておく。そのままこす。

レンジで2分チンでもいいよ

②**アスパラ**は長さを3等分、**なす**は縦四ツ割に切る。

③フライパン（20cm）に②の**野菜**を並べ、**油**をふりかける。中火にかけ、転がしながら5～6分揚げ焼きにする。**油**をきる。

④**そば**は、熱湯でゆで、冷水で冷やし、水気をきって器に盛る。

⑤**野菜**、**おろし**をのせ、①をかける。あれば**七味**をふる。

てやんでぃ！そば講座

水気は敵！

そば屋さんで必ずそばの下にしかれている、竹簾《たけす》。これがあるのは、そばがすぐに水気を吸っちまうからなんでぃ。ぶよぶよになったそばなんて、粋じゃないんでぃ！

音を立てて冷やす

ゆでたあとのそばは、冷やし方が大事なんでぃ。流水でジャブジャブ、大げさに音を立てて一気に冷やす。すぐに温度を下げねぇとコシがなくなっちまう。それじゃあ、粋じゃないんでぃ！

ジャー

素人は乾麺で

生麺のほうがうめぇんじゃねぇかって？ そうともかぎんねぇのがそばの世界でぃ。そばをゆで慣れてねぇやつが生麺を扱うのは難しいんでぃ。結局、乾麺のほうが水分を吸いにくいから、結果的に粋な仕上がりになるんでぃ！

おれぁ江戸っ子
そば太郎
宵越しのそばは食わねぇぜ！

二八か、十割か

二八そば
そば粉とつなぎの割合が8：2のそばでぃ。つなぎはだいたい小麦粉でぃ。のどごしがよくて、つるつるっとうめぇんでぃ！

十割そば
つなぎを使わず、すべてそば粉だけで作られたそばでぃ。そばの香りとうまみをたっぷり味わいてぇなら迷わずこれでぃ！

見た目はあんまり変わらないんでぃっ
ズゾゾゾッ

ついてるソースで作れる

あの、あんかけ焼きそば

中華料理のお店で食べる、あの、あんかけ焼きそば。おいしいですよね。あの、パリッと香ばしい麺。あの、とろりとしたあん……。

　この「あの、あんかけ焼きそば」が家で作れるんです。しかも味付けは、いつもの焼きそばについてくる、あのソース。そう、あの小袋です。

　あの、もう一つ。お酢を少量かけるとコクが倍増します。ぜひお試しあれ。

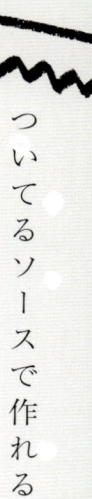

材料（1人分）

ササッと15分

- 蒸し中華麺…1人分
- 豚バラ薄切り肉…80g
- 玉ねぎ…1/4個
- にんじん…10g
- キャベツ…1/12個（80g）
- サラダ油…小さじ1
- ごま油…大さじ1/2

A 水…1/2カップ
添付のソース…1人分
片栗粉…大さじ1

作り方

①**豚肉**は6cm幅、**玉ねぎ**は1cm幅のくし切り、**にんじん**は細切り、**キャベツ**はざく切りにする。

②フライパン（20cm）に**サラダ油**、**麺**を入れ、強火で表4分、裏返して2～3分焼く。器に**麺**を盛る。

③フライパンに**ごま油**を中火で熱し、①を広げ、押し付けて2分、上下を返して1～2分炒める。

④中央をあけ**A**を注ぎ、とろみが出るまで煮て②の麺にかける。

昼から麺トーク！

徹底討論！ 焼きそばは世界を救う！

焼きそばへの愛が止まらない論客のみなさんが、
「自分の焼きそばの食べ方が一番だ！」と討論を始めた模様です。

焼きそばの魅力といえば、あのカジュアルさ。だから私は、焼きそばパンが一番だと思います！ だって、ふつうに作って、ただパンに挟むだけですよ？ お皿も汚れないし、小さいお子さんも食べやすい。コッペパンがなければ、食パンで挟んだっておいしい。これは革命です。世界中みんなで、この食べ方を試すべきです！

ふん、焼きそばパンなんて炭水化物に炭水化物じゃないですか。炭にでもなりたいんですか？
私は、あなた方とは違う個性があるので、ソースは使いません。代わりに使うのは、鶏ガラスープのもとと塩。これで味付けすれば、さっぱり「塩焼きそば」ができるんです。

あはははは、塩焼きそばなんて邪道ですわ。違いを出したいなら、やっぱり具材を変えるべきよ。
豚肉ではなく、冷凍のシーフードミックスを使う。これだけで、いか、たこ、えび、一度にいろんな具が楽しめるわ。しかも、大衆的なソースの味が、ちょっと上品に仕上がるんですの。
おほほほほ。

いやいや、上品さなんて誰も救わない。子どもたちを救うには、やはりボリュームですよ。みなさん、ご存じないかもしれませんが、じつは、焼きそばは「ごはんのおかず」。これが真実なのです。ですから、キムチ、ニラ、もやし、卵を足して、豚キムチ焼きそばですよ。ドカーンとホットプレートで焼けば、子どもたちの笑顔あふれる休日間違いなしですよ！

＊個人の感想です

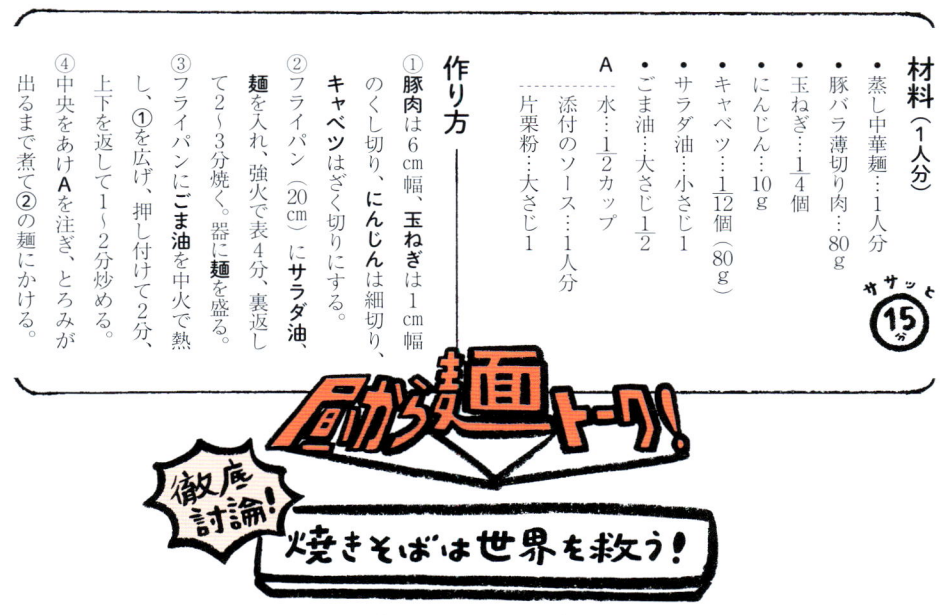

こってり味に卵を絡めて

〆風すき焼きうどん

すき焼きでいちばんおいしいものは？　そう、〆のうどん。それをいきなり作ってしまおうというのが、このメニューです。

たった10分で、こってり濃厚な味にするには「少ない水」で煮込むこと。うどんのデンプン質が溶け出て、煮汁に粘度が加わります。すると、素材のうまみがうどんに絡まりやすくなり、煮詰まった〆のような滋味深さが味わえるのです。

まるですき焼きを食べたあとのような満たされた余韻。「ごちそうさま」のひと言を、いつもより丁寧に言いたくなるうどんです。

材料（1人分）

ササッと 10分

- 冷凍うどん…1玉
- 豚ロース薄切り肉…100g
- しめじ…50g
- 長ねぎ…1/2本（50g）
- ごま油…大さじ1
- A　しょうゆ…大さじ2
  　砂糖…大さじ1
  　水…1/3カップ
- 卵…1個

作り方

① **しめじ**は小房に分ける。**長ねぎ**は斜め1cm幅に切る。

② フライパン（26cm）に**油**を中火で熱し、**豚肉**・①を広げ1〜2分焼く。

③ **豚肉**の色が半分変わったら中央をあける。**うどん**・**A**を加えてフタをし、中火で4分煮る。

④ フタをあけ、**うどん**をほぐしながら、1〜2分火を通す。**卵**につけながらいただく。

あなたの焼きうどんタイプはどれ？

上のレシピのAにある、しょうゆと砂糖を、たどりついたタイプの調味料に変えてみましょう。それぞれ水1/3カップと混ぜてくださいね。卵と絡めて食べるとちょうどいい塩気になっています。

Yes（赤の矢印）　No（青の矢印）

START

- どちらかといえば、パ・リーグだ → Yes：夜中の3時に合わせ鏡をしろ／No：ときどき真っ赤なルージュをひきたくなる
- 夜中の3時に合わせ鏡をしろ → Yes：シャンデリアとシャングリラの区別がいまだにつかない／No：いかがさばけるようになりたい
- シャンデリアとシャングリラの区別がいまだにつかない → Yes：塩type／No：ソースtype
- ときどき真っ赤なルージュをひきたくなる → Yes：武勇伝がほしい／No：花占いは信じるほう
- 武勇伝がほしい → Yes：いかがさばけるようになりたい／No：いつもの路地を一本入ると別世界があると思う
- 花占いは信じるほう → Yes：武勇伝がほしい／No：いつもの路地を一本入ると別世界があると思う
- いつもの路地を一本入ると別世界があると思う → Yes：いかがさばけるようになりたい／No：旅行に行くと、ついペナントを買ってしまう
- いかがさばけるようになりたい → Yes：ソースtype／No：オイスターtype
- 旅行に行くと、ついペナントを買ってしまう → Yes：オイスターtype／No：しょうゆtype

Cool

塩type

周りから「クールだね」と言われるあなた。それなら、**しょうゆ**（小さじ2）、**塩**（小さじ1/2）に変えてみて。切れ味のいい塩味が、逆にうどんを甘く感じさせてくれます。

Nostalgic…

ソースtype

「昔はよかった」が口グセのあなた。**中濃ソース**（大さじ3）に変えれば、甘酸っぱいソース味に。ノスタルジーを舌から感じられます。

Brand new!

オイスターtype

「個性がない」とお悩みのあなた。**オイスターソース**（大さじ2）、**砂糖**（小さじ2）に変えてみて。その甘みと塩気で、やみつきになる新しさに目覚めちゃいそう。子どもにも愛されます。

Neutral

しょうゆtype

「クレイジー?」と言われたことのあるあなた。**しょうゆ**（大さじ2）に変えてみて。アミノ酸の深みで心が落ち着き、ニュートラルな味わいにホッとします。

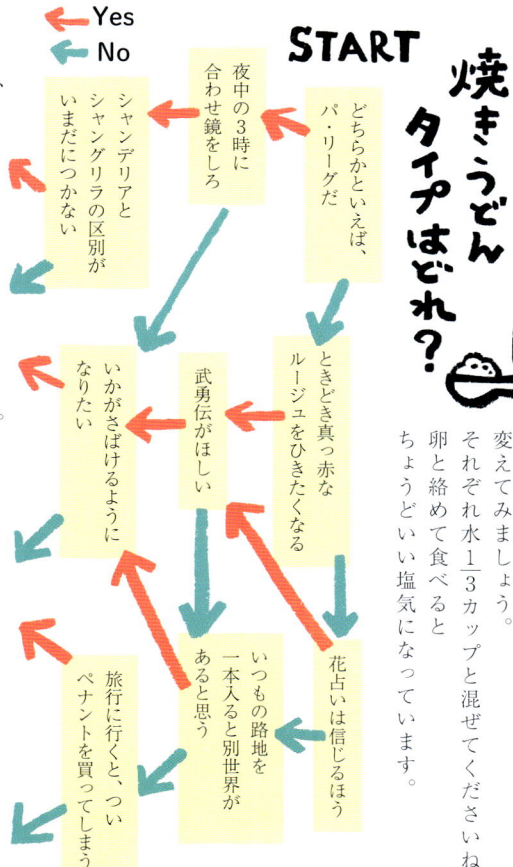

考えたことなかったかも

昼ごはんの栄養学

Q そもそも昼ごはんって食べないとダメ？

A 食べたほうが、腸への刺激になります

私、赤テキトウジャーっていうの。あなた、昼ごはんをバカにしてる？　まあ別に食べたくないなら、食べなくてもいいわ。テキトーでいいのよ、人生って。

でもほら私、美肌じゃない？見ればわかると思うけど。だから、この美肌を保つためにも、昼ごはんは食べてるわ。え？　何が関係あるのかって？　それはね……。

あっ、怪人フケンコーが現れたわ！　くらえ、秘技、リズミカルイートフラッシュ！

ナレーター　説明しよう。リズミカルイートフラッシュとは、朝・昼・晩、3回食事をとること。つまり、ふつうだ！　1日3回、腸に水分と食物を送り込むことで「腸に刺激を与える機会」が増えるのだ。

このリズムが崩れると腸のコントロールがうまくいかず、便秘になることもある。便秘は肌荒れも引き起こし、フケンコーの思うつぼになるのだ！

ただでさえ、休日の朝は遅めに起きる。すると、水分が腸にやってくる時間も遅れるので、リズムが崩れやすくなる。しかも昼を抜くのが当たり前になると、自分の「適量」もわからなくなる。

そう、昼ごはんから自分を見失わないためにも、食べるのをおすすめしているのだ！

ランチ戦隊テキトウジャー
我々は、ランチ戦隊
テキトウジャー！
今日もテキトーに
敵と戦うのだ！

Q 昼ごはんの「適量」がよくわかりません

A 約800キロカロリーに収めるのが目安です

黄テキトウジャーだ。俺は昼ごはんのカロリーなんて、はかったことねぇぞ。そんなのテキトーでいいじゃねぇか。だいたい昼に食べたものってのは、夜までにエネルギー消費できるんだ。だから、どれだけ食べても大丈……ぶっ、怪人シボウブン！　くそう……あいつら……俺に、俺にカロリー表を見せつけてきやがる！

ナレーター　説明しよう。昼ごはんの適量はおよそ800㎉とされている。たとえば1日の摂取カロリーが2000㎉とすると、朝400、夜800の計算である。もちろん個人差はある。しかし爽やかに食べられるそうめんも、じつは1束178㎉。まったくあなどれないので注意が必要だ。

スパゲティ1束（100g）	約350kcal
おにぎり1個	約150kcal
そうめん1束（50g）	約178kcal
冷凍うどん1玉（200g）	約210kcal
そば1束（100g）	約344kcal

俺は、断固として戦う。そのためにまず、腹ごしらえだ！

Q 夕方までにいつもお腹がすいちゃう。何を食べておけばいい？

A 脂質とたんぱく質を多めに摂りましょう

ピンクテキトウジャーだ。俺はイケメンすぎてカロリーをすぐ消費してしまう、罪な男なのだ。だから夕方になるとお腹がすいて、ついお菓子をつまんでしまう。何？　すぐ空腹になるのはイケメンだからではなく、怪人タンスイカブツの罠だと……？

ナレーター　説明しよう。一食における炭水化物の量が多すぎると、血糖値が一気に上昇し、すぐにお腹がすいてしまうのだ。炭水化物は「安くて満腹」という、刹那的な幸福感をもたらす。しかし、回避する方法はある。秘技「素うどんよりも月見とろろうどん」である。つまり炭水化物単体で摂るよりも、脂質やたんぱく質が多いほうが腹は減りにくいのだ。無駄な空腹も避けられる。そのうえおいしい。そう、おいしいのだ。

お米の休日昼ごはん

昨日の夜、ごはんをたくさん炊きました。
それがまだ、炊飯器の中に残っています。
ごはん粒は、うるおいを失い、どこか頼りなさそう。
でも、しゃもじでガバッとフライパンに入れ、ジャッと炒めれば、
彼らは一気に、スターの輝きを放つのです。
そう、休日の食卓は、ドレスアップしたお米の舞台。
チャーハン、ドリア、オムライス。
どんなごはんにも、華やいだ衣装をまとわせれば、
「おいしい」の歓声が鳴り止まない、主役に大変身します。
だって朝だと時間がないし、夜だと基本は白ごはん。
だから、こういう華やかなごはんを食べられるのって
じつは休日のお昼くらいなんですよね。
そんな限られたタイミングで開演する、この舞台。
いつもと違うステップで、いつもと違うストーリーを。

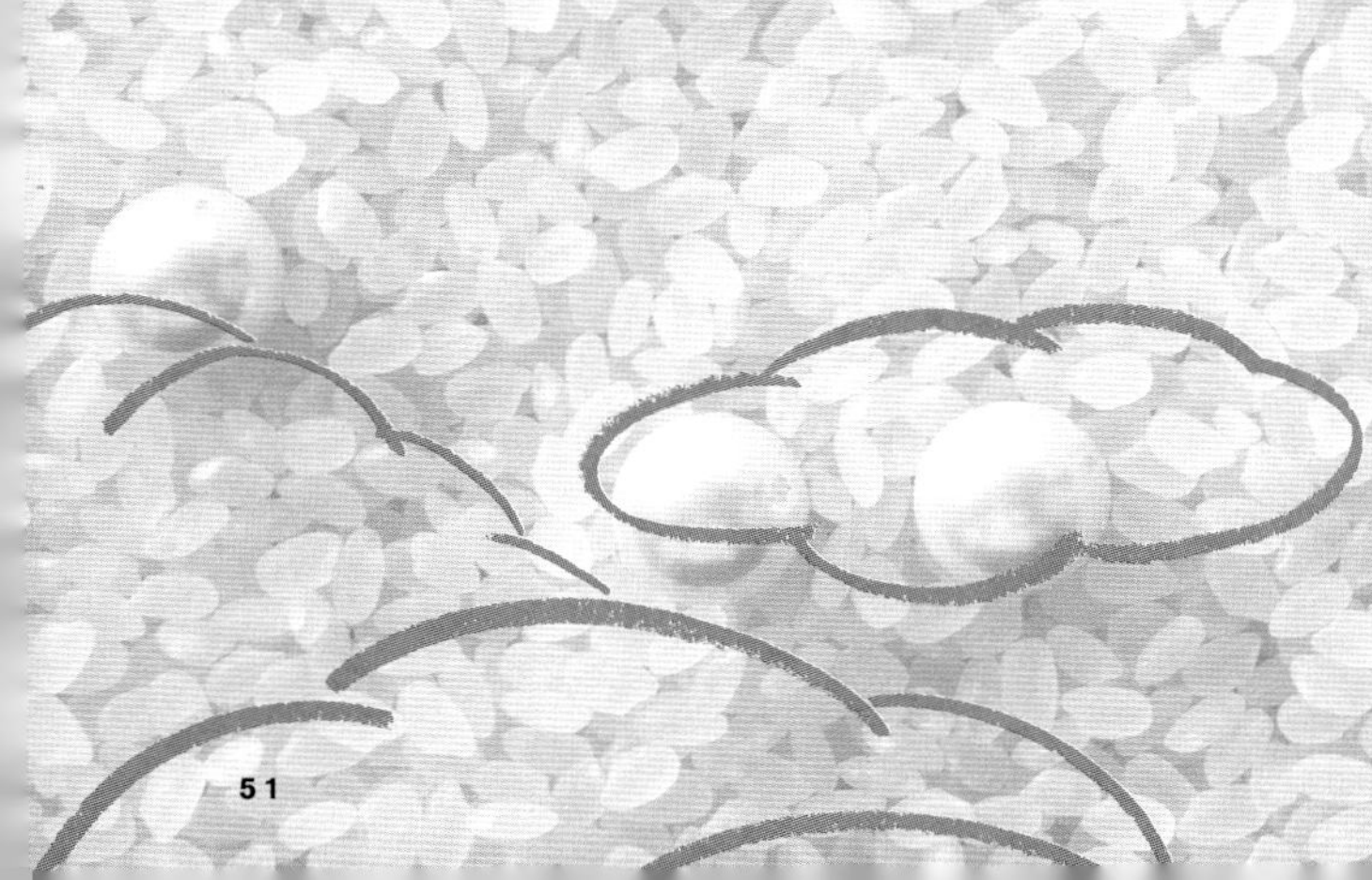

チャーハンと焼き飯のあいだ

究極のチャーハン。

君は、その舞を見たことがあるか？
卵の衣をまとい、パラリパラリと踊る米粒を！
まずは**ひき肉**だ。豪快にパックをあけたら、
しょうゆを入れて、サッと混ぜておく。
怠るな！こういった下準備が、最高の味を作るのだ。
さあ、フライパンを出し、情熱の炎を灯そうじゃないか。
中火だ。中火で**油**を熱するのだ。点火！
黄金色の**溶き卵**をジューッと流し入れ、
すぐに**ごはん**を広げるのだ！急げ！
ごはんに**卵**を絡めてほぐしながら、1〜2分焼き付ける。
ここで、味付けしておいた**ひき肉**をガバッと加え、
一心不乱に、パラパラになるまで**ごはん**と混ぜるのだ。
仕上げに緑鮮やかな**万能ねぎ**をワサッ。
そして**A**を加えると立ち上る**ごま油**の芳香。
ガッと強火にしたら、最後に**こしょう**をふって食卓へ。
ハリのある米粒を噛みしめるたびに
私の中に燃えるような感情がよみがえってくるのだ！

材料（1人分）

- 豚ひき肉…50g
- しょうゆ…小さじ1
- ごま油…大さじ1
- ごはん…200g
- 溶き卵…1個分
- 万能ねぎ（1cm幅に切る）…50g
- A ごま油…小さじ1/2
  塩…小さじ1/4
- こしょう…多め

ササッと 10分

Chahan

究極の焼き飯。

目を閉じて、ゆっくりと深呼吸をしよう。
これは、冷静にごはんと向き合い、
ごはんを信じる料理だ。
フライパンに**油**、**にんにく**、**ひき肉**を入れる。
慌てないで。火をつけるのは、このあとでいい。
中火で2～3分焼くと、肉の脂がじんわりにじみ出て、
たいそういい香りが漂ってくる。
「これからこのうまみを十全に味わえるのか」
そんな期待感で気持ちが高ぶる。
ああ、私らしくない。少し落ち着かなければ。
ひき肉の上下を返したら、**A**をふる。
万能ねぎ、**ごはん**を広げてさらに2分焼き付け、混ぜる。
ここでもう一度深呼吸。
そして、**しょうゆ**と**バター**を溶かすのだ。
焦がすほどに存在感を発揮する**しょうゆ**。
もはやひれ伏すほかない**バター**の香り。
全体を混ぜたら、仕上げに**こしょう**をふって。
にんにくバターじょうゆが効いた、
ぺっとりとした米粒は
噛みしめるごとに
こみ上げる喜びを私にもたらすのだ。

材料（1人分）
- サラダ油…小さじ1
- にんにく（みじん切り）…1かけ
- 豚ひき肉…100g
- A しょうゆ・砂糖…各小さじ1
- 万能ねぎ（2cm幅に切る）…50g
- ごはん…200g
- しょうゆ…小さじ2
- バター…10g
- 粗びきこしょう…多め

チャーハン・焼き飯アレンジチャート

チャーハンも、焼き飯も、
具材は何でもおいしくできます。
だから今度の休日は、
運命にまかせて決めちゃいましょう。
自分の意志では選ばない具材に、
新しい発見があるかもしれません。

それが今日の、あなたの具。

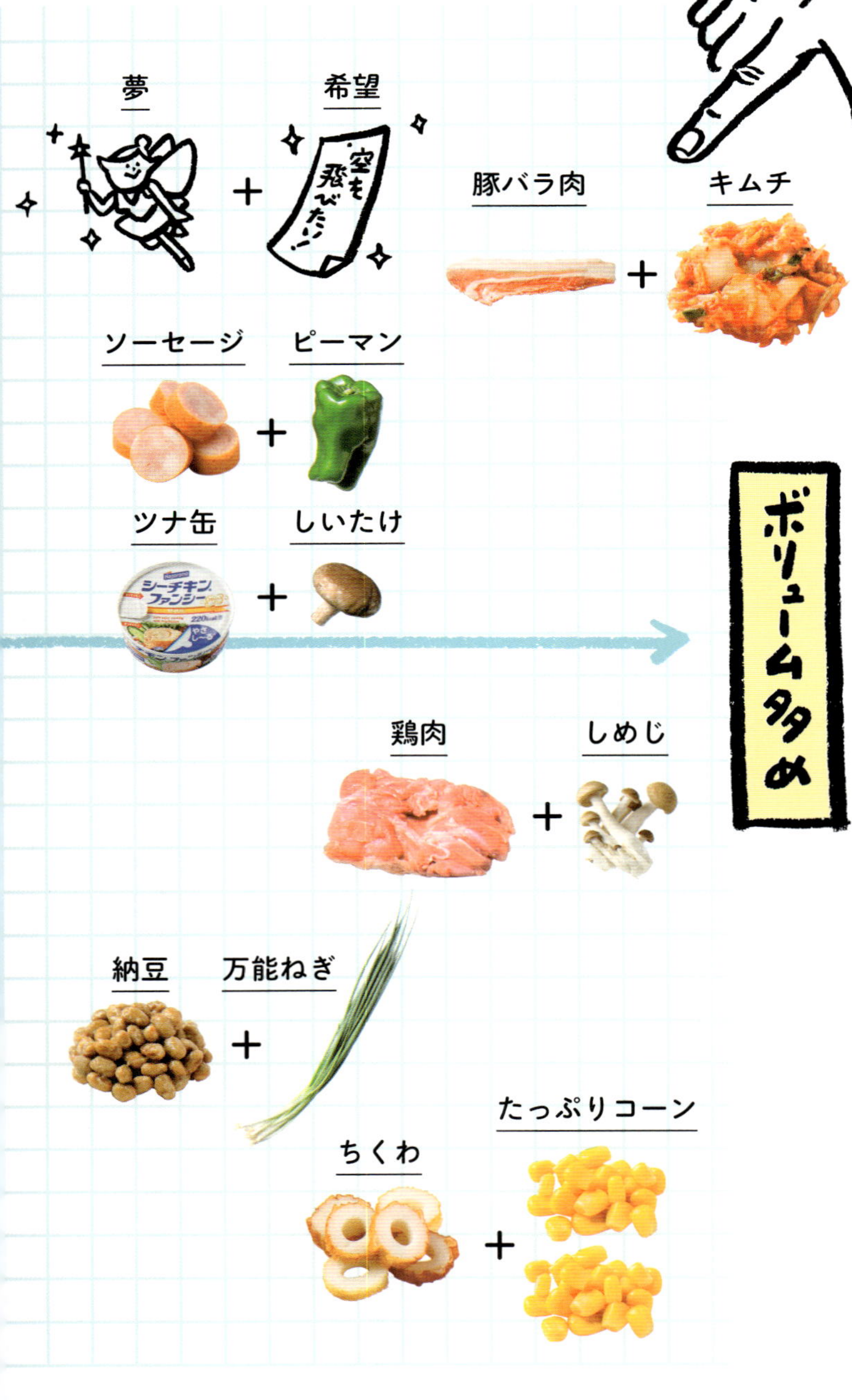

夢
希望
空を飛びたい!
豚バラ肉
キムチ
ソーセージ
ピーマン
ツナ缶
しいたけ
シーチキン ファンシー
ボリューム多め
鶏肉
しめじ
納豆
万能ねぎ
ちくわ
たっぷりコーン

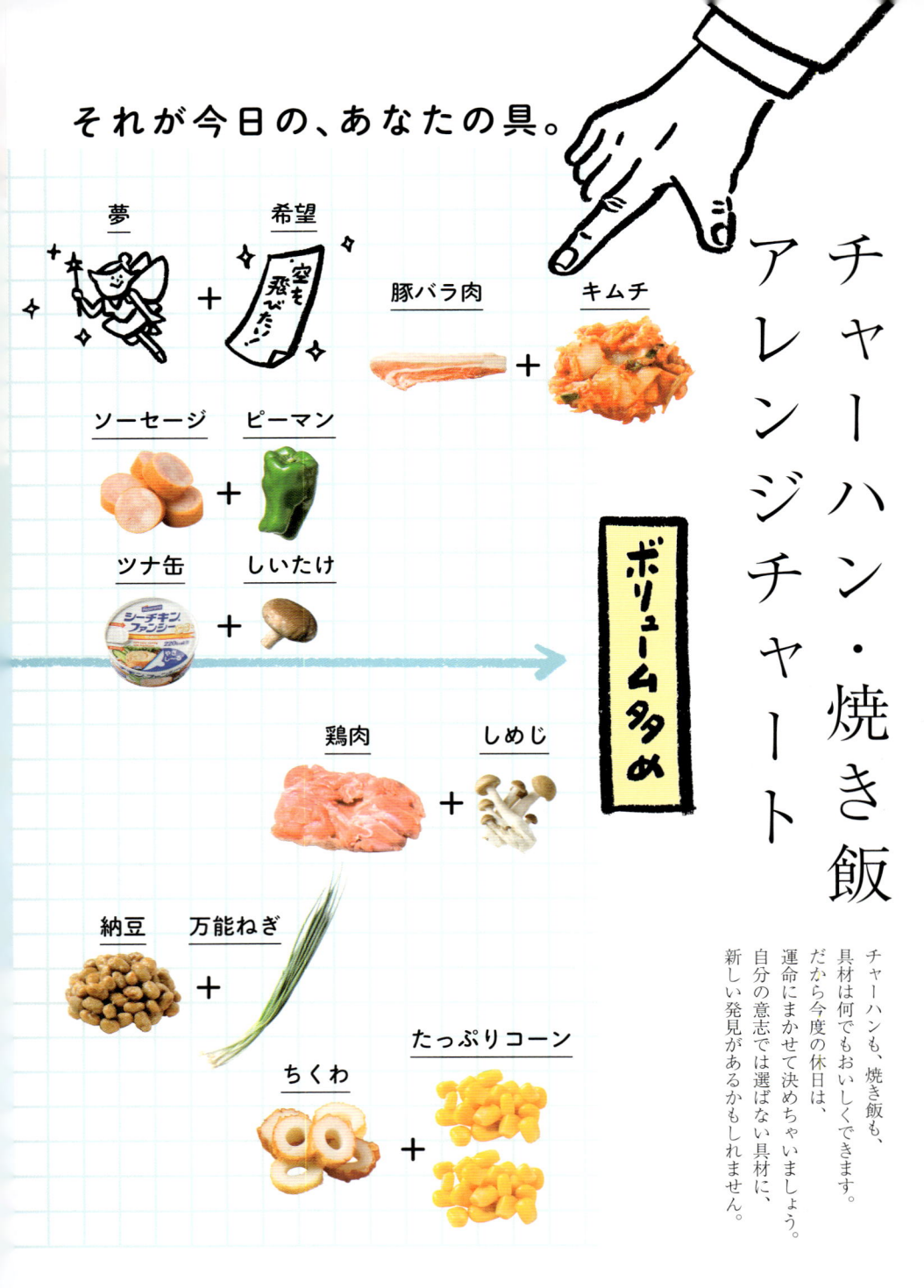

目をつむって、指さして。

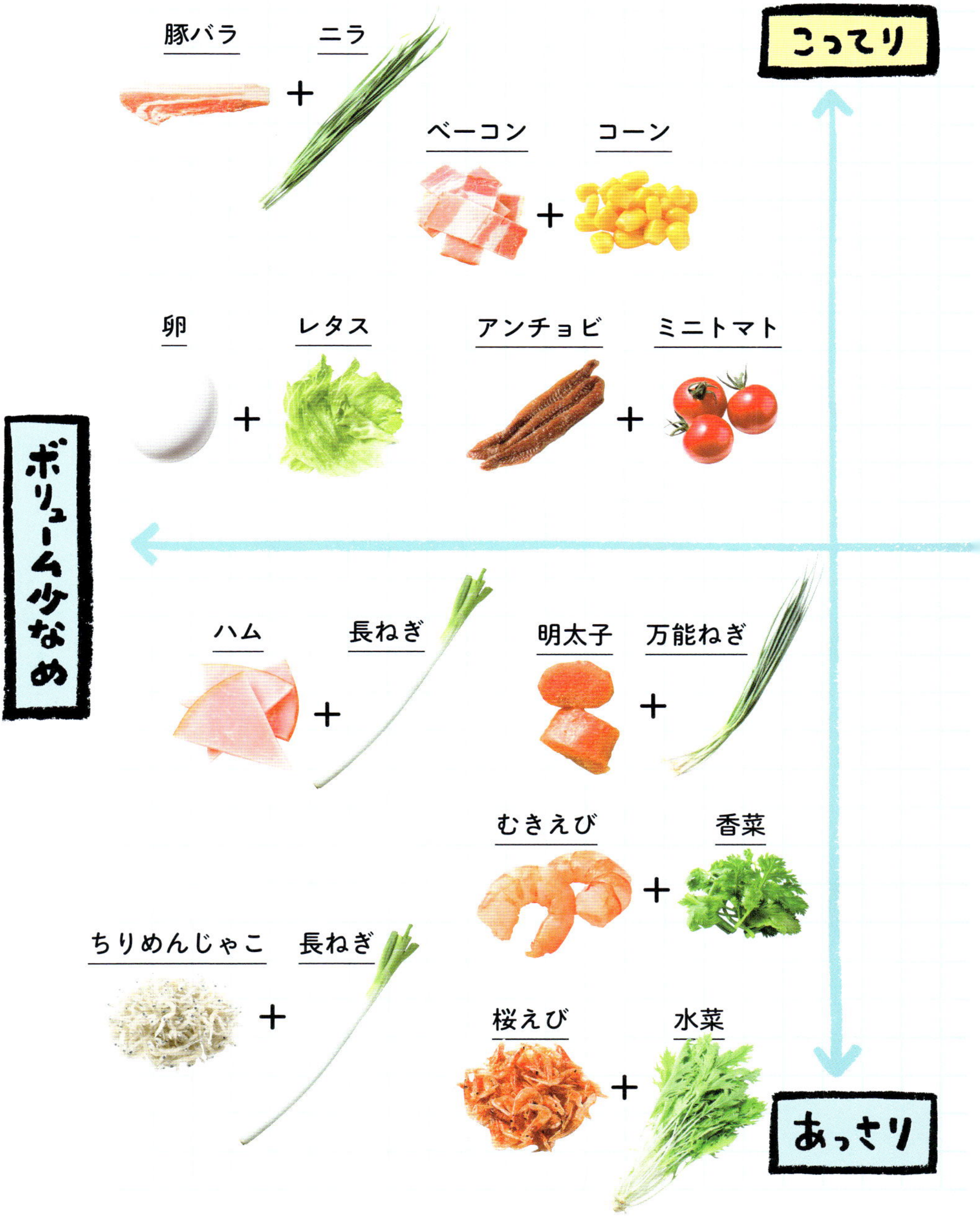
こってり
豚バラ
ニラ
ベーコン
コーン
卵
レタス
アンチョビ
ミニトマト
ボリューム少なめ
ハム
長ねぎ
明太子
万能ねぎ
むきえび
香菜
ちりめんじゃこ
長ねぎ
桜えび
水菜
あっさり

毎週日曜はオムライスの日！

オムライスの可能性

海上自衛隊では「毎週金曜はカレーの日」と決まっているそう。本来、曜日感覚を持っておくための習慣なのですが、カレーが好きな人は、きっと金曜がとても楽しみですよね。

これにならって、「毎週日曜はオムライスの日」と制定しました。

「また？」って言われるのが怖い？　大丈夫。バレません。

オムライスには、思った以上に可能性があるんです。

Sunday

作ろう！ ケチャップライスを

「おいしいオムライスは、ごはんがおいしい」
この事実、ご存じでしょうか？
香ばしくって濃厚な、ケチャップライスのポイントは
「ケチャップを煮詰める」ことなんです。

基本の卵の材料（1人分）

- 卵…2個
- A マヨネーズ…大さじ1
- A 塩・こしょう…少々
- バター…10g

ケチャップライス（1人分）

- 鶏肉（角切り）…50g
- 塩・こしょう…各少々
- 玉ねぎ…30g
- サラダ油…大さじ1
- ごはん…150g
- ケチャップ…大さじ3

①**鶏肉**は**塩・こしょう**をふる。**玉ねぎ**は1cm角に切る。

②フライパン（20cm）に**油**を中火で熱し、①を広げ1分焼く。上下を返して1分炒める。

③中央をあけて**ごはん**を広げ入れ、そのまま1分焼き、ひと混ぜする。

④中央をあけて**ケチャップ**を入れる。火を強めてふつふつ煮立て、全体に炒め合わせる。

⑤フライパンの縁までごはんを広げ、30秒焼く、30秒炒めるを繰り返す。パラリとなったら皿にとる。

1

First week
定番Style

サッサッと 15分

①**卵**をボウルに割り、50回ほど混ぜてほぐす。**A**を加える。
②フライパン（20cm）に**バター**を中火で熱する。箸先で卵をつけてジュッとなったら、高めの位置から卵液を一気に注ぐ。
③2秒数えて、へらで大きく8～10回混ぜる。円にし、フライパンを傾けて卵を奥へ寄せる。
④**ケチャップライス**を中央にのせ、卵をかぶせるように寄せる。皿に返して盛る。

2

Second week
スクランブルStyle

サッサッと 15分

①**卵**をボウルに割り、50回ほど混ぜてほぐす。**A**を加える。
②フライパン（20cm）に**バター**を中火で熱する。箸先で卵をつけてジュッとなったら、高めの位置から卵液を一気に注ぐ。
③卵の周りが花びら状に固まりだしたら、火から外し、へらで手早く8～10回混ぜる。
④半熟状になったら盛り付けた**ケチャップライス**にのせる。

Third week
オムレツのっけStyle 3

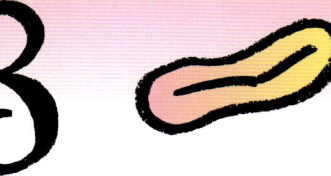

ササッと 15分

①**卵**をボウルに割り30回ほど混ぜてほぐす。**A**を加える。
②フライパン（20㎝）をやや強火で熱して**バター**を入れ、半分溶けたら、卵液を一気に注ぐ。
③卵の周りが花びら状に固まりだしたら、へらで手早く15回混ぜる。
④フライパンを傾け中央より向こう側にまとめ、傾けたまま少し焼き付ける。上下を返し、**ケチャップライス**にのせる。

Fourth week
温玉のっけStyle 4

ササッと 10分

基本の卵の材料は無視！ **ケチャップライス**に**温泉卵**をのせるだけです。強引だけど、食べたらオムライスだから、安心して。

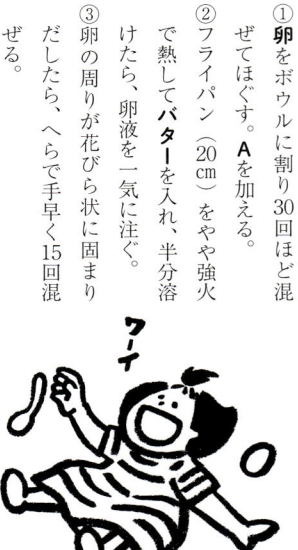

あれ？
ワーイ…

Fifth week 5
逆転Style

ササッと 10分

①**卵**をボウルに割り、50回ほど混ぜてほぐす。**A**を加える。
②フライパン（20cm）に**バター**を中火で熱する。箸先で卵をつけてジュッとなったら、高めの位置から卵液を一気に注ぐ。
③へらで大きく5回ほど混ぜ、平らに広げ、**ケチャップライス**を上にのせる。
④そのまま、30秒ほど焼き、ずらして皿に盛る。

こういう卵もイケる！

ワーイ！ヤッピー！！
ヒューッ！
ワーイ！

Sixth week 6
ケチャ炒めのせStyle

ササッと 10分

①フライパンに**バター**を中火で熱し、**鶏肉・玉ねぎ**をのせ、1分焼き、上下を返して1分炒める。
②中央をあけ、**ケチャップ**を入れて煮立たせ、混ぜる。
③**ごはん**を盛り、②をかけ、**生卵**をのせる。

ケチャップライスの材料を使って

食べたらオムライス！

2人で食べる、2つの「あん」

平和的天津飯

手早く作れて、原価も安い。不要なけんかも防げちゃう。そんな平和的お昼ごはんです。

どんなに仲がよくっても、好みが違うことはあります。夏が好き。冬が好き。犬が好き。猫が好き。天津飯の「あん」の好みも、しょっぱい派と甘酢派とに分かれます。

でも、どっちかに無理やり合わせるような強引なことはしたくないですよね。左のやり方なら、途中で砂糖と酢を足すだけで、一度に2種類のあんが作れるのです。これで、相手の好みを尊重することができます。

AMAZU
私、甘酢がいい！
Oyster Sauce
ひと口ちょーだい！
こっちもおいしいよ！

材料（1人分）

- 卵…3個
- しょうゆ…小さじ1
- サラダ油…大さじ1
- ごはん…適宜

ササッと 15分

作り方

①**卵**は30回ほどほぐし、**しょうゆ**を入れて混ぜる。

②フライパン（20cm）に**油**を強火で熱し、少し煙が出たら高めの位置から卵液を流し入れる。

③卵の周りが花びら状に固まりだしたら、大きく5回くらい混ぜる。縁から手早く中央に向けて4〜5回ふんわりたたむ。山高く盛った**ごはん**にのせる。

卵はすぐに火が入るから
フライパンの上で
完全に固めないで！
部分的に半熟な
くらいがいいよ

オイスターソース味のあんの材料（2人分）

- ごま油…小さじ1

A
- かにかま（半分に切ってほぐす）…2本
- 長ねぎ（小口切り）…1/4本

B
- 水…1/2カップ
- オイスターソース…大さじ1
- 片栗粉…小さじ2
- しょうが（チューブ）…小さじ1/2

①フライパン（20cm）に**ごま油**を中火で熱し、**A**を炒める。

②しんなりしたら**B**を注ぎ、とろみがつくまで30秒煮る。1/2量を1人分にかける。

それでも
新しいanを自分で切り開く！
特大号
酢 大さじ1
SuOsaji1
甘酢がいいなと言われたら
砂糖 小さじ1 1/2
Sato Kosaji 1 1/2
もし「甘酢がいいな」と言われたら、
上のあんの1/2量を1人分にかけたあと、
残り1/2量に酢と砂糖を加えて、ひと煮します。
これで、しっかり味の甘酢あんが完成。
お店だと、1人1つの味しか食べられませんが、
家なら、1人で2つの味を半々にかけて
食べるという贅沢も可能！

「青ものがない」と嘆く前に
きゅうり1本 立派な野菜

「炭水化物オンリー」になりやすい
休日のお昼ごはん。
「緑が足りない！」と思ったら
きゅうりを1本用意して。
どれもビニール袋で
簡単に作れます。

ササッと 5分

えへ♡

スマート！

チャーハンに合わせて

ザーサイきゅうり

さっぱりした箸休めがほしいならこれ。きゅうりはへらで押し、手でひと口大に割ります。ザーサイはざく切りにして、袋に投入。調味料を入れ、サッともみあわせれば完成です。ザーサイの塩気ときゅうりの食感がクセになります。

材料
- きゅうり…1本
- ザーサイ…20g
- しょうゆ・ごま油・酢
  …各小さじ1

ごま油
おちゃめ♡

おにぎりに合わせて

きゅうりのおかか和え

パリパリ、パクパク食べられる箸休め。きゅうりは乱切りにして袋に入れ、そのあと調味料をもみ混ぜるだけ。仕上げに加えた削り節が、うまみを出してくれます。素朴な味わいにホッとして、さらにごはんがすすみます。

材料
- きゅうり…1本
- しょうゆ…小さじ2
- 砂糖…小さじ1
- ごま油…小さじ1/2
- 削り節…1/2袋（2g）

みなさん
こらしめて
あげなさい

セクシー！
麻婆豆腐丼に合わせて

もみきゅうり

しんなりしたきゅうりは、米をしっかり噛んだあとの優しい箸休めに。きゅうりは斜め薄切りにし、調味料を加えてもみもみ。ついついとりこになっちゃうから、ハニートラップに気をつけて！

材料
- きゅうり…1本
- しょうゆ・サラダ油…各小さじ2
- しょうが（チューブ）…小さじ1/2
- こしょう…少々

天津飯に合わせて
剛胆！

キムチきゅうり

箸休めとかじゃなく、おかずがほしい、という方におすすめしたいのはこれ。きゅうりは長さを4等分にし、縦半分に切ります。調味料を合わせてもみ混ぜ、5分おいたらできあがり。大きめなので、ボリボリ剛胆に気持ちよくかじって。

材料
- きゅうり…1本
- 酢・水…各大さじ1
- 砂糖…小さじ1
- 塩・にんにく（チューブ）…各小さじ1/2
- ラー油…少々

炊飯器で作れる異国の気配

蒸し鶏ごはんの現実逃避

日曜日のお昼に思うこと。
ああ、もう休日が終わってしまう……。

そんな現実から逃げ出したいときに必要なもの。それが、異国の気配です。

この蒸し鶏ごはん。タイでは「カオマンガイ」と呼ばれます。日本の炊き込みごはんと違うのは、具材がごろっと大胆なところ。細かく切った場合と比べて、鶏肉がしっとりジューシーに仕上がり、「おかず」として十分自立できるおいしさになるのです。放っておくだけで、おかずと主食が一度にできるというお得感もうれしいもの。

そして炊飯器をあけた瞬間、ふわぁと広がるうまみの気配。熱々ごはんを頬張ると、心がすみずみまで奪われる……。

さあ逃げましょう、このアジアのおいしさに。

材料（2人分）

じめんね 45分（米をざるにあげる時間を除く）

- 米…2合
- 鶏もも肉…1枚
- 塩…小さじ1/2
- こしょう…少々
- にんじん…1/2本
- ズッキーニ…1/2本

A
水…2合（360㎖）
しょうゆ…大さじ1
塩…小さじ1

B
しょうゆ・酢…各大さじ1
砂糖・しょうが（チューブ）…各小さじ1
ラー油…10滴

作り方

①**米**はといでざるにあげ30分おく。

3合炊きではなく5合炊きの炊飯器で作ってね

②**鶏肉**は余分な脂を除き、筋を切って**塩・こしょう**をふる。**にんじん**は1cmの輪切り、**ズッキーニ**は縦半分に切る。

③**米**を炊飯器に入れて**A**を注ぐ。②をのせ、そのまま炊く。

④**B**を混ぜ、かけていただく。

現実逃避のための4つの舞台設定

混ぜ込みおにぎり

具材を細かく切って混ぜ、おにぎりにする。天気がいい日は窓を開け、口いっぱいに頬張りましょう。「お、おにぎりが、好きなんだな」の世界にトリップ！

レジャーシート

おかずとごはん

ごはんとおかずを別々に盛り付ける。そして正座する。これで、小津安二郎の映画のような、モノクロの日本にトリップ！

ちゃぶ台

ぞうすい

熱湯をごはんにかけて、塩やしょうゆで味をととのえてぞうすいに。風邪を引いて学校を休んだ冬の日の、ぬくぬくベッドの上にトリップ！

ベッド
ハイ・カーット！

お膳

おかず2品とごはん

ごはん、肉、野菜を別々に盛り付ける。野菜にポン酢をかけて酸味を足せば、一度の食事でいろんな味が楽しめます。これで江戸時代の武士の家にトリップ！

ズボラーさんの平謝り

ズッキーニ？ にんじん？ いや、私は鶏しか入れません。炊き上げた鶏の身と、プリプリ皮のうまいこと。卵を落として食べると、さらに美味……！
え、栄養のことは、今は考えたくありません。すみません。

具材はごろごろ大胆に

炊飯器で栄養充実ごはん

さあ始まった、玉入れ競争。好きな具材を、入れてみな。何を入れても、うまいけど、まずはこれらを、投入だ。野菜とタンパク、たっぷりで、栄養バランス、ばっちりだ。米はといだら、ざるにあげ、30分後に、使うこと。

ごめんね 45分
（米をざるにあげる時間を除く）

塩鮭＆大根ごはん

使い切れない大根をダンク！ 塩鮭をダンク！ 大根のみずみずしさと、鮭のうまみが合わさって最高！ 彩りをよくするために、小口切りにした万能ねぎをダンク！ えっ、これバスケじゃないの？

材料（2〜3人分）

- 大根…150g
- 塩鮭…2切れ（150〜200g）
- 米…2合

A
水…2合（360㎖）
しょうゆ…大さじ1
塩…小さじ1/2

- 七味唐辛子…小さじ1/2

作り方

① **大根**は皮つきのまま1cm厚さの半月に切る。**塩鮭**は**酒**（大さじ1）をふり、汁気をきる。
② **米**を炊飯器に入れて**A**を注ぐ。①をのせ、そのまま炊く。
③ 具を取り出して上下を返す。
④ ごはんに具を盛り付けて、**七味**をふる。あれば**万能ねぎ**も。

よいしょ
イタリアンならピザがいい〜!

イタリアン豚トマごはん

とんかつ用肉ってよく特売になるけど、揚げるのがめんどうで結局買わない。でも、買って! そして炊飯器にシュートして! トマトは出してつぶし、**ケチャップ（大さじ1）**と**塩（小さじ1/4）**を混ぜて**ソース**にし、豚肉にかけると美味。

材料（2〜3人分）

- とんかつ用豚ロース肉…2枚（250g）
- しめじ…100g
- トマト…1個（150g）
- 米…2合

A
- 水…2合（360㎖）
- しょうゆ…大さじ1
- 塩…小さじ1/2

- 粉チーズ・パセリ…各適宜

作り方

①**豚肉**は**塩**（小さじ1）・**こしょう**（少々）をふる。**しめじ**は小房に分け、**トマト**はヘタを取る。

②**米**を炊飯器に入れて**A**を注ぎ、**①**をのせ、そのまま炊く。

③具を取り出して、上下を返す。右記の要領で作った**ソース**を**豚肉**にかけて**粉チーズ**と**パセリ**をふる。

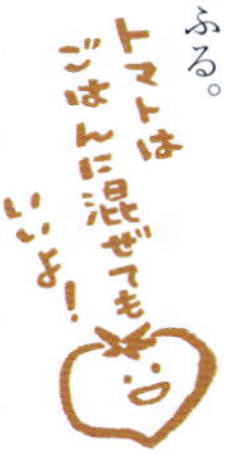
トマトはごはんに混ぜてもいいよ!

塩鱈のパエリア風

カレー風味と塩鱈のうまみが、まるでパエリア。レモンがごはんを引き締める。体にいいとはわかっていても、あまり食べない魚類。昼ごはんは、そんな栄養を補う得点チャンスなのだ!

材料（2〜3人分）

- 塩鱈…2切れ（160g）
- セロリ…1本
- パプリカ…1/2個
- 米…2合

A
- 水…2合（360㎖）
- しょうゆ…大さじ1
- カレー粉…小さじ2
- 塩…小さじ1/2

- レモン・塩・一味唐辛子…各適宜

作り方

①**セロリ**は乱切りにし、**葉**は刻んで炊かずにとっておく。**パプリカ**は縦4等分に切る。**塩鱈**は**酒**（大さじ1）をふり汁気をきる。

②**米**を炊飯器に入れて**A**を注ぐ。**①**をのせ、そのまま炊く。

③具を取り出して、ごはんの上下を返し、**セロリの葉**を混ぜる。

④ごはんに具を盛り付けて、お好みでくし切りの**レモン**、**塩**、**一味**をふっていただく。

頭募楽流
空手道場

市販の「もと」など、なくていい

まな板いらずの麻婆豆腐丼

家に突然やって来られたら困るのが、王様と空手家。王様にはもやしを出しておけばいいですが、空手家には何を出せばいいでしょう？ 空手家は丼ものが好きですが、昼ごはんの定番、牛丼も親子丼も作れません。だって、まな板を割られているから。

そんなときは、麻婆豆腐丼。まな板も包丁もいりません。え？ 市販の「もと」もない？ 大丈夫です。味噌は、ありますか？

味噌には、塩やしょうゆにはない、発酵食品ならではのコクと栄養があり、ごはんとよく合います。お好みで粉山椒をふれば、もう完璧。空手家も満足して、さっさと帰ってくれるはず。

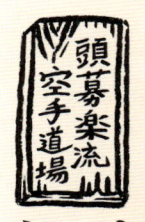

材料（1人分）

- ごま油…大さじ1/2
- 豚ひき肉…100g
- 木綿豆腐…1丁（300g）

A 水…1/3カップ
片栗粉・味噌・しょうゆ…各大さじ1
しょうが・にんにく（チューブ）…各小さじ1
ラー油…小さじ1/2

- ごはん…200g

ササッと 10分

作り方

①フライパン（26cm）に**ごま油**を中火で熱し、**ひき肉**を広げて1分焼き、上下を返して炒める。
②**肉**の色が半分変わったら、**豆腐**を10等分にちぎって加え、ひと混ぜする。
③中央をあけ、**A**を混ぜて注ぎ、十分に煮立てる。とろみがついたら具と混ぜ、**豆腐**を崩しながら、2〜3分煮る。
④**ごはん**を器に盛り、③をかける。

cooking for NO MANAITA

まな板のない世界で私たちができること

キッチンばさみ

きのこ、水菜、セロリ、ちくわ、ハム、肉。はさみで切れるものは、思いのほか多いものです。迷ったらとりあえず、手にはさみを持ってみてください。

手

たとえば鶏ささみや胸肉。彼らは加熱すると、繊維にそって割くことができるのです。今こそ、あなたの手を差しのべるとき。さあ、割くのです。

ひき肉

あらかじめ細かくあること。それは、火も通りやすく食べやすい、素材として最良の状態。そこにはまな板の出る幕など皆無なのです。

葉っぱ

ベビーリーフはそのまんま、キャベツやレタスは手でちぎる。ほら、まな板の存在が、だんだん遠い記憶の中に……。

まな板を慈しむ

憎しみからは何も生まれません。まな板を傷付けず、大切にしたいから、私たちはまな板を使わないための工夫をするのです。決してズボラのためなんかではありません。そう、決して。

「かきこみ飯」から「お食事」へ

納豆ともう一つ丼

ササッと3分

「お昼？ 納豆ごはんを食べてます」この声、結構多いんです。でも納豆丼って、茶色いですよね。茶色くってもいいんですけど、なんか、色、ほしくない？

あの…
私土子。
地味デ
ゴメンナサイ

緑

「癒やし系」に
なりたくて

納豆とオクラ丼

ねばねばとねばねば。兄弟のような仲のよさ。オクラのシャキッと食感が気持ちいい。

納豆とアボカド丼

とろとろとねばねば。いとこのような仲のよさ。甘めのしょうゆが合うかもね。

黄

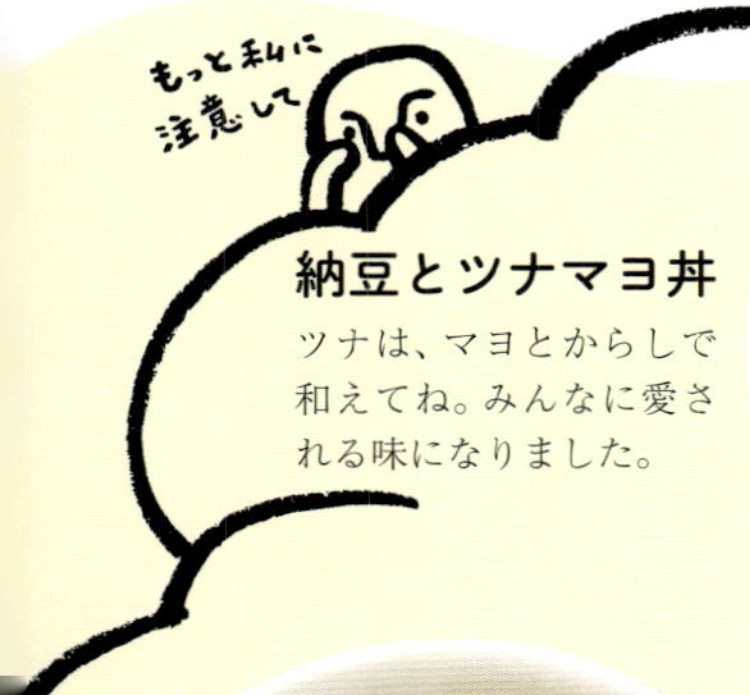
もっと私に
注意して

納豆とツナマヨ丼

ツナは、マヨとからしで和えてね。みんなに愛される味になりました。

納豆とチーズ丼

熱々のごはんにのせたチーズがとろけて、納豆にコクを与える。

赤

納豆とキムチ丼

発酵×発酵で健康まっしぐら。納豆も感じるけれど、ほぼキムチ。

納豆とトマト丼

うまみの強いトマトのよさが、納豆で引き出される。意外性！

真っ赤なルージュをひきたいの

白

納豆と豆腐丼

もとは同じ大豆出身。ごはんとぐるぐる混ぜたら、ふわふわおいしい。さすが同郷。

納豆と長芋丼

これだけのためにに長芋買ってきてほしいくらいおいしい。

あなたの色に染まりたい

ズボラーさんの平謝り

私、冷凍ごはんをチンしたら、そのままラップをお茶碗に敷いてます。
ラップが敷かれたお茶碗は、汚れとは無縁。納豆のねばねばってお茶碗に付くと洗うのがめんどうだけど、
これなら防げる！ 災害時にも使えるので、その訓練です。

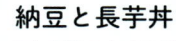

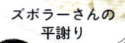

ドリアおばさん あったかーい

フライパン一つで作れる いいとこドリア

テレビから流れてくる週末のグルメ情報。誰の仕業か知らないけれど、肉の情報が多いんです。あととろ~りのびる、熱々チーズ。悔しいけれどおいしそう。でも、手をのばしても食べられない……。

そんなもどかしさを感じたら、このドリアです。

ホワイトソースもいらない。オーブンで焼かなくてもいい。フライパン一つで食卓まで行ける。こんなにラクなのに、肉とチーズのいいところを、こってりと味わえます。

コツは、仕上げに1~2分、強めの中火でガッと熱すること。これだけで、底にこんがりお焦げができるのです。

テレビの中の「おいしそう」より、目の前の「おいしそう」。さあ手を動かして、現実に生きる喜びを感じましょう。

材料（1人分）

- 玉ねぎ…1/2個
- バター…20g
- A 合びき肉…100g
  ケチャップ…大さじ2
- 小麦粉…大さじ1
- 牛乳…1カップ
- 塩…小さじ1/4
- ごはん…150g
- ミックスチーズ…50g

ササッと 15分

作り方

① **玉ねぎ**は薄切りにする。フライパン（20cm）に中火で**バター**を熱し、半分溶けたら**玉ねぎ**を広げて1分焼き、2分炒める。

② **A**を加えて混ぜ、平らにし、**小麦粉**をふって全体に混ぜる。

③ **牛乳・塩**を加え、**ごはん**をほぐしながら入れる。

④ **チーズ**を全体にかけ、溶けて縁が色づくまで煮る。

⑤ 強めの中火で1〜2分煮て、底をこんがり焦がす。

残り物を内包してごちそうに

ドリアのクリーミーな味わいは、いろんなものを内包してくれます。平日食べきれなかった惣菜や野菜。楽しむことを忘れた心。さあ、あなたは何を内包する？

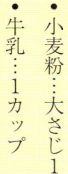

しまった！ ごはん炊いてない

それでも私は米がいい

やあ、米田米男《よねだよねお》だよ。『一日がしあわせになる朝ごはん』を読んだ人は覚えてくれているかな。そう、あの、米田米男さ。

え、ミーを炊いてないの？ それなのにミーを呼び出したのかい？ やれやれ。

まあいいだろう。そんなユーが、米をとがずに、史上最短で米を食べられる方法を教えてあげるよ。ハハハ、大丈夫。生米を食べろなんて言わないさ。

まずは思い出話から聞いてくれ。ある日のこと。イタリアンレストランでリゾットを注文したミーは、少なくとも30分はかかるだろうと覚悟していた。しかし、その店は、20分もしないうちにリゾットを出してくれたんだ。

アメイジング！

通常、リゾットというのは、米をとがずに油で炒め、水を注いで炊き上げる料理だ。それでミーはふしぎに思い、再度訪問してまたリゾットを注文した。

こっそり厨房をのぞくと、なんと、シェフが米をゆでているではないか！

ミーは感銘を受けた。この方法はすごい。

たしかに欧米では、米は野菜感覚で扱われることが多い。ライスサラダなる料理があるのもその一端だ。だからといって米を「ゆでる」とは！ エポックメイキングはなはだしい！

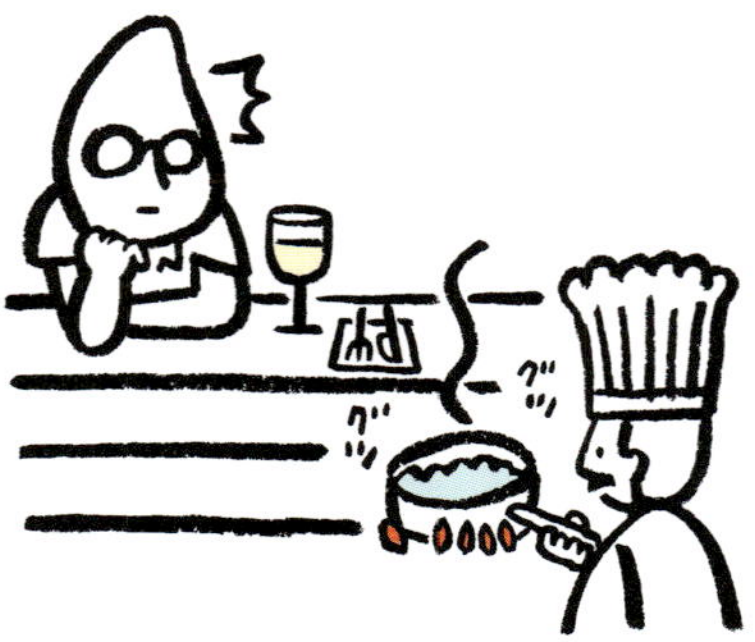

ミーはハッとした。日本の米は、イタリアの米と比べてデンプンが多くねっとりしている。ゆでることによって、そのねっとり成分を洗い落とし、軽やかにする効果もある。

さらにのどごしがよくなり、お腹にもたれづらい。食感もよくなる。いいことずくめだ。いいことずくめすぎる方法だ。

しかも、ゆでたあと冷蔵庫で保存することも、冷凍することもできるんだ。

こんないい方法を知らないで今までいたなんて、米田家の恥さらしだとまで感じたさ。

最後に、ミーの愛猫エスカルゴを紹介して終わりにするよ。

どうだい？ かわいいだろう？

エスカルゴとともに

ゆで米の作り方

鍋に4カップの熱湯を沸かす。塩（小さじ1）を入れ、米（1/2カップ）をとがずに入れる。中火で12分～15分ゆで、ざるにあげる。リゾットの場合は、ゆで時間は10分でOK。

ゆで米おじや

ごめんね 20分

鍋に熱湯1カップを沸かし、左記の**ゆで米**と**市販のお吸い物のもと**を入れます。好みの加減まで煮て、**溶き卵**を加えて混ぜれば、えっ、もうおじや！ **万能ねぎ**を散らせば鮮やか。

ゆで米リゾット

ごめんね 20分

材料（1人分）

A
- にんにく（みじん切り）…1/2かけ
- ベーコン（1cm幅に切る）…2枚
- オリーブ油…小さじ2

- ・しめじ（小房に分ける）…100g
- ・粉チーズ…大さじ4
- ・パセリ・粗びきこしょう・粉チーズ…各適宜

作り方

①フライパン（26cm）にAを入れて中火にかけ、香りが出たら**しめじ**を加えて、**にんにく**がきつね色になるまで炒める。

②上記の**ゆで米**を加え、**水**（1/4カップ）を加えて好みの固さになるまで炒める。**粉チーズ**をふる。

③盛り付けて、**パセリ・こしょう・粉チーズ**をふる。

ズボラーさんの平謝り

昔、米をとぐのがめんどくさすぎて、流水で米を勝手にといでくれる装置を通販で買ったんです。でも、結局うまく対流しなくて、一応2回くらい使ったけど捨てました。1280円でした。

定番料理も「企画」で楽しく

おにぎりロシアンルーレット

おにぎりの具で「冒険」する。これはよくあることですが、このおにぎりは「企画」という冒険の提案です。

「アタリ」と「ハズレ」の具を作る。これだけで、いつものおにぎりと違って、ドキドキしながらいただけるのです。

アタリなら、やっぱりおいしい。ハズレても、笑えばおいしい。幸福な賭けを週末に。

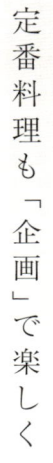

一度にたくさん作るコツ

①ラップにごはんを横長に敷き、4種類の具をおく。

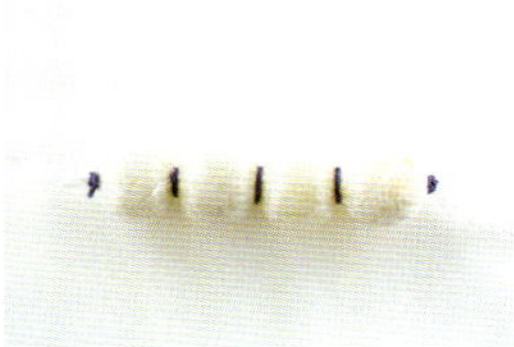

②くるりと巻いて、合間を輪ゴムでとめ、丸める。

アタリ!

コロコロチーズ

クリーミーなコクがおいしい。熱々ごはんに入れたい。

ソーセージ

丸いのを買って、軽くレンジでチンして。ケチャップを入れても。

スタッフドオリーブ

種の代わりに詰め物をしたオリーブ。塩気がごはんに意外とマッチ。

うずらのゆで卵

卵好きには大当たり。マヨネーズを一緒に入れたら、大大大当たり。

ミニトマト

「プチュッ」にびっくり。ハムでくるんで入れてもいいよね。人によってはハズレ。

ハズレ!!!

…はこんなもの

米

具のないおにぎりを1つ。「あれ、何も入ってないよ?」と言われたらこう答えましょう。「入ってるじゃん、米」

MeはMeだよ

チョコ○ール

絶対にまずくなるのでおすすめはしませんが「うわー、ハズレだ!」と大盛り上がりしたい日には絶対おすすめ。

C'est très doux...

ズボラーさんの平謝り

私は1つずつ丸めるのがめんどくさいから、のり巻きみたいに筒状にして、包丁で切ってます。そしたらいっぱいできますよ。具は、好きなものしか入れないから、全部アタリだけど……。

おもてなしカジュアルバージョン

ちらし寿司という敬意

お寿司というのは、相手に敬意が伝わる料理です。ふだんの料理より材料が多く、ごはんに甘酢を混ぜるなどの手間がかかるから。そのぶん「あなたのために心を込めました」を伝える、日本ならではの「ハレ」の料理です。

でも、あまり豪華すぎると、お客さんもかえって気構えしてしまいます。だから、お昼のおもてなしには、カジュアルスタイルのちらし寿司。角切りにしたお刺身と野菜、酢飯は上からふりかけるだけ。

相手に気をつかわせない。それも敬意の一つです。

あらっ

サンデー姫!
すしおけかわいい♪
かわいいすしおけ♪
あっ!

材料（2〜3人分）

サササッと 15分

- アボカド…1/2個
- きゅうり…1本
- 卵焼き（市販）…適宜
- 刺身各種…200〜250g
- ごはん…500〜600g
- のり（ちぎる）…全形1枚分

A
酢…大さじ6
砂糖…大さじ2
塩…小さじ1

B
しょうゆ・わさび…各適宜

作り方

①**野菜**と**卵焼き**は、1cm角に切る。
②**刺身**は1・5cm角に切り、**しょうゆ**（大さじ1）と絡める。
③**ごはん**を飯台（寿司桶）または器に平らに盛り、**のり**を散らす。**A**を混ぜ、全体にふりかける。炊きたてのごはんなら、混ぜ込んでもいい。
④①②を彩りよく③に盛り付け、混ぜた**B**をところどころにふる。

寿司桶なんてないわ

悩むのはやめよう

Milk
Milk
無調整牛乳
牛乳
MILK

牛乳パックの胴体部分を使って、ひし形を作ります。ここに、押し寿司のようにごはんを詰めて型抜き。層を作ればさらに美しくなります。上からAとBをふりかけて。

寿司桶の神様

どうもありがとう！

寿司桶があると、ちらし寿司以外にも、いろんなことができます。おすすめは直径30cmのもの。2〜3合分が混ざりやすく、保管しやすいサイズなのです。使う30分前に水を張り、使う前に布巾で拭きましょう。

MEN meets OKE
まぶしぃっ

そうめんを入れても風流

夏、食卓からかもし出される清涼感。氷とともにゆらゆら揺れるそうめんは、それはそれは美しい光景です。

Fall in Love

サンドイッチもかわいい

和のものだけにしか使えないと思ったら大間違い。買ってきたサンドイッチが、急に特別に見えます。おにぎりも◎。

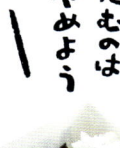

ズボラーさんPresents

肉と卵のはずかし飯

こんにちは。ズボラーです。
ここまで、おしゃれな写真をお見せしてきましたが、
家で食べるリアルって、こんな感じじゃないですか？
だって、肉と卵と炭水化物の組み合わせって、
ほんとうに、おいしいんですもの。
彩り用の野菜なんて使わない。好きなものだけで作る。
これが「はずかし飯」の極意です。

ふつうのソーセージでももちろんおいしいよ

温玉ボロニヤソーセージ丼

私、ボロニヤソーセージが大好きなんです。1本300円台で買えて、賞味期限が長くて、ハムでもソーセージでもないおいしさがあって。ごはんのおかずにこれだけでも十分満足ですが、温泉卵とバターをのせ、しょうゆをかけたら、この世のものとは思えぬ至福の味。

キャーッ

卵かけごはんウィンナー添え

まず、器にウインナーを入れて、そのまま電子レンジで30秒ほどチンします。そこにごはんを盛り、卵を割り入れます。それだけ。ふつうの卵かけごはんだけでもおいしいんですが、ウインナーが加わると「おかず」もできて、食事感が出ます。洗い物はこの器一つ！

インスタ映えしないねぇ
へー

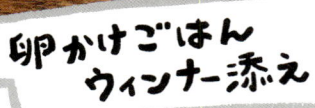

ほんとは
青じそ入れたいけど
めんどくさいから
いいや

うどんは、くたくたに煮えたやわやわのものが好きです。お湯を沸かして冷凍うどんを煮て、豚バラ薄切り肉を入れて、粉末だしと塩としょうゆで味付け。最後に卵を落とします。梅干しを入れると酸味と塩気が加わってさらにおいしい。もちろん種ごと落とすだけ。

豚バラ卵うどん

ベーコンだし巻き卵丼

あーだし巻き食べたい! という衝動が抑えきれなくて作りました。炒めたベーコンを入れた、甘くないだし巻きを、どーんとごはんにのせるだけ。優しいだし巻きと、ベーコンの塩気。そして米の甘み。カロリーを気にしない日は、ここにマヨネーズをかけちゃいます。ああ……!

野菜はどこ?
食べないの?

思いたったら即食べられる炭水化物、そうめんは、私の必須アイテム。ひき肉を炒めて、塩こしょうで味付けしたら、そこにゆでたそうめんを入れます。しょうゆをかけて、最後に溶き卵を加えたら、半熟でお皿へ。このもっちり感、焼きそばより好きかも! 気やすめに万能ねぎをちらしてもいいけど、気やすめですよ。

ひき肉卵炒めそうめん

パンの休日昼ごはん

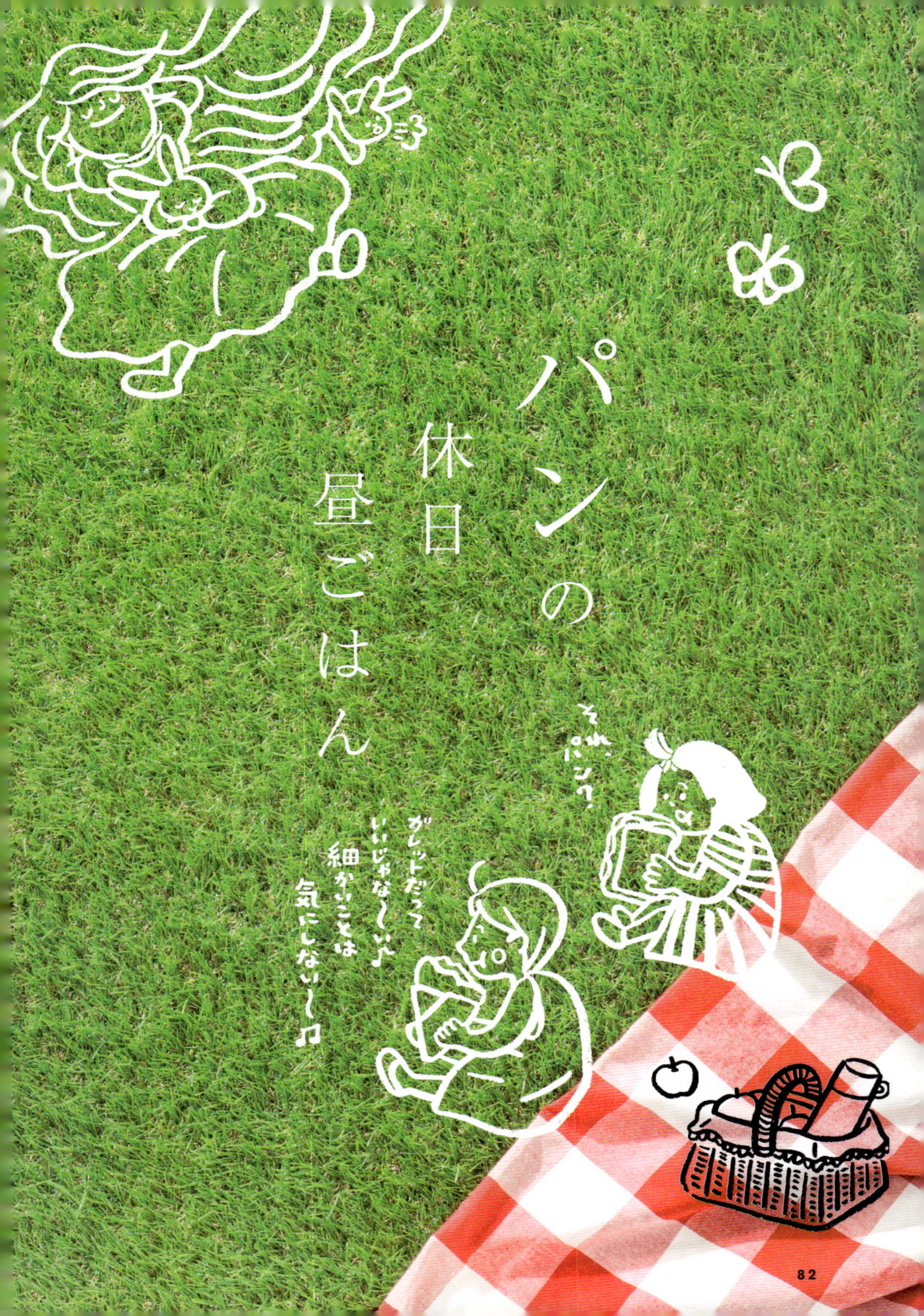
それ、パン？
ガレットだっていいじゃな〜い♪
細かいことは気にしない〜♪

ちょっと落ち込むことがあった。
そんなとき、「あはは」と笑い話にしてくれる友人というのは、
ありがたい存在です。
重たいものを、まるで風船のように軽やかに扱うと、
ほんとうに軽いように思えてくる。
そんな気さくな友人のような食べ物が、パンだと思います。
主食はいろいろあるけれど、米や麺はお腹の中でしっかり存在感を発揮します。
だけどパンは、食べ心地も軽やかで、消化もスーッと早い。
その軽さゆえ、忙しいときは飲み物で流し込んでしまいます。
でも今度の休日は、パンをじっくり味わってみませんか？
多くの国で、毎日食べられているだけあって、
小麦のうまみと香りは、説明できない強さを持っています。
パンも友人も、「芯の強さ」があるからこそ軽やかでいられるのかもしれません。

いわゆるオープンサンド

スモーブロー

ササッと 10分

スモーブロー。スモー、相撲？　いえいえ、押し出しもうっちゃりもいたしません。スモーブローとは、いわゆるオープンサンド。デンマークなどの北欧では定番料理です。「スモー」はバター、「ブロー」はパンという意味。寒くて小麦が育ちにくいために代わりに食べていたライ麦パンに、手軽なお惣菜をのせてナイフ・フォークでいただくメニューなのです。

　サンドイッチより具材が多く、野菜もたんぱく質もたっぷり摂れて、力士のように力が湧きます。でも、相撲はどこまでも無関係です。ごっつぁんです。

最後に塩こしょうをふるでごわす！
よくあるだじゃれでごわす！

ベーコンエッグアスパラ

焼きアスパラのほくほくした食感に、温泉卵のとろ～りが合わさってもう！目をつむれば「エッグベネディクト？」と思ってしまうかも。

アボカドハムチーズ

熟れたアボカドを選べば、ねっちり感がパンと合わさってもう最高。パンにもアボカドソースを塗って、レモンを絞ればさらに最高。

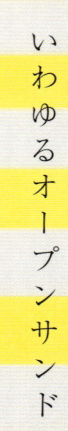

おしゃれぶってるけど簡単！ 構造分析

右の写真を見て「え、おしゃれ料理？」と、いけすかない気持ちになったあなた。でも、大丈夫。身近な材料しか使ってません。構造さえ知れば、誰でも作れます。

ハム・ベーコンの層

塩気のあるタンパク質なら何でもOKの層。肉じゃないけどスモークサーモンやしらすも合いますよ。

チーズ・卵の層

コクとうまみをプラスするための層。クリームチーズやゆで卵も美味です。

野菜の層

ボリュームと彩りをくれる層。どんな野菜でも、ナイフとフォークで食べやすいものならOKです。

パンに塗る層

味のメリハリになる層。酸味と塩気がポイントです。バターをたっぷり塗るのが王道。

パンの層

ライ麦パンや雑穀入りのパンなど、しっかりめがおすすめ。軽くトーストしても。

ハム
カリカリに焼いたベーコン
スライスチーズ
温泉卵
アボカド
焼きアスパラガス
トマト
ベビーリーフ
•マヨネーズ…大さじ2
•レモン汁…小さじ1
•塩・こしょう…各少々
以上をペーストしたアボカド1/4個と混ぜる
or
•粒マスタード…大さじ1
ライ麦パンのスライス大判

あら、おいしそう

全部作ると卵21個!

卵だけサンドイッチ

×しまうまだけ動物園

"パンに何か塗る"と
とくに書いていなければ
バターかマヨネーズを
塗りましょう

甘い卵焼きサンド

おやつのようにつまみたいサンド。からしマヨをたっぷり塗れば、「甘」「辛」「しょっぱ」のコントラストにクラクラします。

卵4個をほぐし、砂糖（大さじ2）、しょうゆ（小さじ2）、水（大さじ1）を加えた卵液で、卵焼きを作る。からしマヨネーズをパンに塗り、粗熱をとった卵焼きを切って挟む。

味玉サンド

8分ゆでた卵の黄身は、一晩つけると水分が抜けてねっちり。和の味玉が、洋のサンドにこんなに合うとは。

ビニール袋に、しょうゆ（大さじ2）・砂糖（大さじ1）、酢・ごま油（各小さじ1）を入れ、ゆで卵2個を入れて一晩おく。半分に切り、のりとともにパンに挟む。

卵サラダサンド

安心の味、卵サラダ。どこから食べても優しい味。なぜだろう、買ったものより作ったほうが、卵の味を深く感じる。

ゆで卵2個を粗みじんに切り、マヨネーズ（大さじ2）、砂糖（小さじ1/4）、塩（2つまみ）と混ぜ、パンに塗って挟む。

薄焼きオムレツサンド

卵の素直さ全開のおいしさ。食べやすい形状で、ピクニック向きです。四角く焼けば、端っこを食べたときの悲しみも回避できます。

卵2個をほぐし、砂糖（小さじ2）、塩（小さじ1/4）と混ぜる。フライパン（20cm）にサラダ油（小さじ2）を熱し、卵液を流し込む。食パンくらいの形にまとめ、パンに挟む。

サンドイッチって、切るときに包丁が汚れるのがめんどうですよね。だから私は、1枚のパンに目玉焼きを挟んでマヨをかけて、ボフッと半分に挟んで食べてます。これだと汚れるのはフライパン1つ。サンドっていうか、寝袋入り卵って感じです。さあ、昼寝だ。

ズボラーさんの平謝り

みんなしまうまを見ると「あっ、しまうまだ!」って思いますよね。
でもよく見ると、同じしまうまでも、それぞれ模様が違うのがわかります。
卵サンドも同じ。パンと卵だけで作っているのに、
どれも違う味がする。休日の昼、そんな多様性の喜びを、
卵サンドから感じてみてください。

食パンは
8枚切りが
オススメよ

ゆで卵サンド

ぎっしり詰まったゆで卵と、マヨケチャソースがめっちゃ合う! 卵は、常温からの8分ゆでだと、中心が半熟で濃厚感が味わえます。

ゆで卵3個は、卵スライサーで輪切りにする。マヨネーズ(大さじ2)、ケチャップ(大さじ1)を混ぜてパンに塗り、卵を挟む。

目玉焼きサンド

つるりとした白身、ほくほくした黄身。2つの食感に脳が支配されるおいしさ。しょうゆ派も塩派も、ぜひソースで食べてほしい。

卵2個で目玉焼きを作る。中濃ソース(大さじ1)をパンに塗り、目玉焼きを挟む。

ラップに巻いてから切ると
バラバラになりません

スフレ卵サンド

「あ、卵白っておいしいんだ」と新しいうまみに出あえます。ふわしゅわです。

卵3個を、卵黄と卵白に分ける。卵白を30秒泡立てて、酢(小さじ1/4)、塩(ひとつまみ)を加え、しっかりめのメレンゲを作る。溶いた卵黄を加え、ゴムべらで混ぜる。フライパン(20cm)を熱し、サラダ油(小さじ1)とバター(10g)を加え、卵を入れ、フタをして弱火で7分、返して3分焼いて取り出す。パンに挟む。

だし巻きサンド

切らないでボーンと挟んだだし巻きが、噛むとじゅわっとジューシー。だしの香りとパンの甘みが思考を奪う。やみつきサンドです。

卵3個と、だし汁(大さじ5~6)、みりん(大さじ1)、しょうゆ(小さじ1/2)、塩(小さじ1/3)をよく混ぜる。卵焼き器でだし巻きを作る。そのまま切らずに、パンに挟む。青じそも合う。

非日常を味わう

もちもちガレット

ガレットは、フランス・ブルターニュ地方の郷土料理。つまり、作ればボンジュールな気分になれるというわけです。材料は卵やチーズといった日常的なもの。それなのに、シルブプレな非日常を感じられる料理なのです。

本来はそば粉を使いますが、今回は手軽に小麦粉を使ったレシピにしています。むしろそば粉よりもっちりとして、大変セボンな味わいなのです。

しかも、炭水化物よりたんぱく質を多く摂れる。そんな面でもトレビアンでメルシーな昼食なのです。

材料（2枚分）
A 薄力粉…60g
塩…小さじ1/8
・水…3/4カップ
・サラダ油…小さじ1
・ミックスチーズ…50g
・生ハム…4枚
・卵…2個
・粒マスタード・野菜
…各適宜
ササッと 15分
（生地を休ませる時間を除く）
①ボウルでAをよく混ぜる。
②水を少しずつ注いで混ぜ、油を小さじ1加えてなめらかにする。
ボッ
③ラップをして、常温で20分休ませる。
④フライパン（26cm）を強めの中火で熱し、油（適宜）をペーパータオルに含ませて薄く塗る。
スッ
⑤一旦フライパンを濡れ布巾の上におき、Aの生地の1/2量を流し入れ……
チャ
⑥手早く全体に広げる。
⑦再び中火にかけ、3分焼き、生地の周りが少し色づいたら、チーズの半量を広げる。
⑧そこに卵1個を割り落とし、生ハム2枚をちぎって周りにのせる。
⑨四方を1片ずつ内側に折り、フタをして弱火で3～5分、
卵が半熟状になるまで蒸し焼きにする。
グ
⑩フタを外して、生地がカリッとなるまで3分ほど焼く。
パンッ
俺の仕事は一
ガレット1枚焼く間に終わる……
おわり

宅配ピザ、頼まなくても大丈夫

缶詰で4種のピザ

ごめんね 25分

今度のお休みは、家でゆっくり映画を観よう。もしくはテレビでスポーツ観戦。

そんなインドアな休日を盛り上げるのが、そう、ピザ！

宅配で頼むとちょっと高いけど、このピザは、缶詰をのせるだけでいいので、具材を調理する手間も省けます。生地は冷凍ピザシートでOK。通販でも簡単に手に入ります。

家で作れば安くて焼き立て。

ピザって10回言ってみて。ピザピザピザピザピザピザピザピザピザピザ。じゃあこれは？ ひ……ピザ！

ピザソースだけは手作りしたい！
それならこれを混ぜましょう

- 玉ねぎ（みじん切り）…30g
- にんにく（すりおろし）…1/6かけ
- ケチャップ…大さじ4
- パセリ（みじん切り）・オリーブ油…各大さじ1

私は照り焼きチキンマヨが好きなので、お惣菜の焼き鳥を買ってきて、マヨネーズと缶詰コーンをのっけて焼きます。前に、照り焼きチキンから作ってみたんですが、チキンがおいしすぎてピザにのせる前に食べきっちゃいました……。

ズボラーさんの平謝り

作り方

冷凍のピザ生地に、ピザソースかマヨネーズを塗り、野菜と汁気をきった缶詰の中身をトッピング。モッツァレラチーズやミックスチーズなどをお好みでのせて、200度のオーブンで12～15分焼く。

鯖缶×ピザソース

「鯖とトマトって、こんなに合うの!」と驚く、飛び道具的なおいしさ。生地にピザソースを塗り、玉ねぎの薄切りをのせ、鯖水煮缶の汁気をきってトッピング。ワインにもマッチ。

焼き鳥缶×マヨネーズ

ピザのメニューを見て、必ず「照り焼きチキンマヨ」を頼んでしまう人はこれ。生地にマヨを塗り、キャベツのせん切りを散らし、焼き鳥缶をあけてのせるだけ。間違いない。

コンビーフ缶×マヨネーズ

生地にマヨを塗り、玉ねぎの薄切りをのせ、コンビーフをオン。思わず「肉!」と叫んでしまうおいしさです。

ホタテ缶×ピザソース

ホタテのうまみが、噛むほどに深い優しい味。生地にピザソースを塗り、キャベツのせん切りを散らしたら、汁気をきったホタテをたっぷりと。

最近、野菜が足りないな
ピタサンド入りの野菜

20分

塩もみ野菜って、すごいんです。なぜなら、余分な水分が抜けることで、たっぷりの野菜を食べられるから。なんと、下の写真の２つだけでも、約１３０ｇの野菜が摂れるんです。

野菜によって食感も香りも個性はさまざまなので、塩もめば塩もむほど、何通りもの組み合わせを楽しめます。保存容器にたくさん並べて、セルフで詰めても盛り上がります。

ピタパンがなければ、半分に切った白い丸パンでもＯＫ。

さつま揚げサンド

ピタサンドの本場、中東では、魚のすり身を挟むことも多いので、日本流でさつま揚げをイン。表面がカリッとなるまで焼きましょう。塩もみしたきゅうり・にんじん・長ねぎに、サニーレタスを詰めて。

ポークサンド

豚のうまみで、野菜がもりもり食べられます。豚ロース薄切り肉をこんがりと焼き、塩もみしたキャベツ・パプリカ・玉ねぎに、サニーレタスを加えてさらにボリュームアップ。

塩もみの基本プロセス

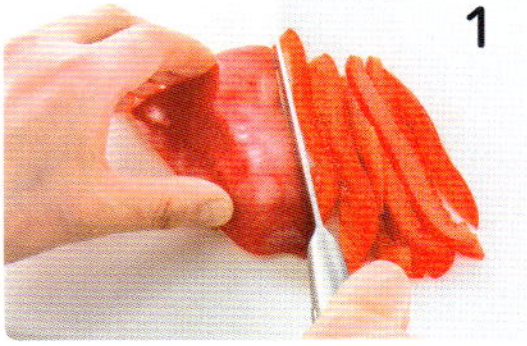

100～120gの野菜を細切りにする。

塩（小さじ1/2）、水（大さじ2）を混ぜて塩水を作る。

2を野菜に絡め、10分おいて軽く水気を絞る。

塩もみ水族館
―大地の恵みと海の愛―

塩野塩蔵さん

野菜にはそれぞれ特徴があります。自分がいったいどんな世界観のサンドにしたいのか？方向性を決めて楽しく組み合わせてみましょう。

カサと食感

水分が多めで、食感のある野菜たち。入れると一気にボリューム感が出ます。水族館でいうとマンボウ。

きゅうり

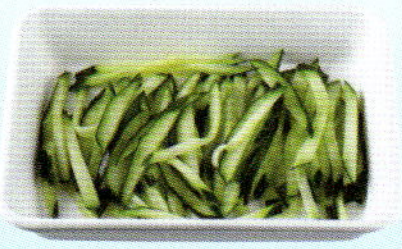

キャベツ

彩り

色味といえば、やっぱり赤！トマトも塩もみしないけれどこの仲間です。セロリの葉っぱや、濃い緑の野菜も結構使えます。水族館でいうと熱帯魚。

にんじん

パプリカ

香り・辛み

たくさんはいらないけど、ないとなんだかのっぺりする、アクセント担当。水族館でいうとチンアナゴ。

玉ねぎ

長ねぎ

おすすめソース

かけるソースはマヨネーズでもいいけれど、右の材料を混ぜたソースがおすすめ。マーマレードの深い甘みとラー油のピリ辛が、ふつうの塩もみ野菜を急に「お店の味」に格上げしてくれます。

- マーマレードジャム…大さじ2
- 酢…小さじ2
- 塩…小さじ1/2
- ラー油…10滴

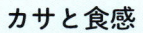

勃発！パンケーキバトル

ササッと 10分
（チーズソースは除く）

パンケーキとはかつて、貴重な卵と牛乳を用いた、贅沢な料理であった。だが時は経ち、日常的に食べることが許された今、甘い軍と甘じょっぱ連合軍の両者が火花を散らしている。

甘い軍の強み。それは、最初から最後まで、これでもかというくらい「甘さ」という官能にひたれること。

対して甘じょっぱ連合軍の

Team
甘い軍
いちごクリームチーズ大将
ホリデー姫を手に入れて休日を増やすのよ！
S

甘ずっぱいお嬢様！ 輪切りにしたいちご5粒に、グラニュー糖（大さじ1）をふりかけて1時間おきます。チーズソースを作るならクリームチーズ30gを室温にもどし牛乳（小さじ2）と、お好みのリキュールを少し加えてなめらかに練って。

バナナホイップコーヒー・貴子

頼れる姉御！ 王道のバナナホイップに、ちょっとビターなインスタントコーヒーをかけて。

宇治金時アイス・京子

和の気品！ 抹茶アイスとホイップクリーム、ゆであずきをのせた京風美人。

強み。それは、甘いものを食べたあとに必ず訪れる「しょっぱいもの食べたい」という欲求を、ひと皿で満たせること。

パンケーキは、冷凍や冷蔵のものを買ってくればいい。勝敗の分かれ目はトッピング。そこに集中だ。

甘いか、甘じょっぱいか。さあ、あなたはどっちに加担する？

もとはみな同じパンケーキ…
バブー

冷凍パンケーキ

スーパーの冷凍コーナーにあるパンケーキ。レンジでチンか、フライパンで焼くだけで、結構おいしいものが多いです。おすすめはpicard（ピカール）のもの。通信販売でも買えますよ。

フルーベリーハム・秀一

その意外性はまるで、学年1位なのにモヒカン！ブルーベリージャムが生ハムと合うなんて知らなかった。

ソーセージマーマレード・聖司

まるで目立ちたがりやの忍者！甘ほろ苦さとソーセージの燻製感が、意外なほどマッチ。アスパラとソーセージ、玉ねぎは焼いて。

Team 甘じょっぱ連合軍
ベーコンメープルシロップ大将
ホリデー姫はわたさない！
V

反抗心が裏目に出ちゃった最高の組み合わせ！脂を拭き取りながらカリッと焼いたベーコンをのせ、メープルシロップに粗びきこしょうを。

ズボラーさんの平謝り

パンケーキ、私は甘じょっぱ派。桃モッツァレラとか、フルーツサラダも好きだから。でも、酢豚にパイナップルはちょっとね。冷麺にさくらんぼもちょっとね。この差って何だろう。

ボウルなしでパティが作れる

解放ハンバーガー

ひき肉をこねたあとのボウルって、脂がついて、洗うのがめんどくさいですよね。

でも、このハンバーガー、ひき肉のパックでパティが作れるので、ボウルは使いません。フォークとペーパータオルを駆使するので、手もほとんど汚れません。

「しっかりこねなくてもいいの？」と思うかもしれませんが、逆に、それがいいんです。肉の不ぞろいなごろごろ感とジューシー感が現れて「肉」をとことん感じられるパティになります。

さあ、ここはお家です。遠慮しないで、大口でガブリと頬張って。無駄な洗い物からも解放。閉じていた気分も解放。午後からの自分を解放的にしてくれる昼ごはんです。

ごめんね 20分

材料（2個分）

A
- 牛ひき肉…300g
- 小麦粉…大さじ1・1/2
- 塩・粗びきこしょう…各小さじ1/3

・サラダ油…小さじ1

B
- ケチャップ…大さじ2
- 中濃ソース・粒マスタード…各小さじ1

・トマト（1cm厚さの輪切り）…2枚
・玉ねぎ（薄切り）…30g
・大きめの丸パン…2個

作り方

①下の方法で**パティ**を作る。
②フライパン（26cm）に**油**を30秒中火で熱し、**パティ**を入れ、4〜5分、返して4〜5分焼く。
③**パン**は厚みを半分に切り、軽くトーストする。
④**パン**に**パティ**をのせ、**B**のソースを適宜かけ、**トマト・玉ねぎ**をのせてサンドする。

まって！
パックは捨てないで！

＼ここでパティを作ります／

1 **ひき肉**のパックに**A**を入れ、フォークで1分混ぜて、2等分にする。

2 1つずつペーパータオルの上にあけ、直径10〜12cmの円形にする。

ダブルチーズバーガー

ハンバーガーというより、ほぼ手づかみの肉。お腹のすいた若者が家にいるならこちら。

¥0

てりやきバーガー

大人気のあの味。焼いたパティに1:1の砂糖としょうゆを煮絡めて、マヨをたっぷり。

¥0

ベーコンレタスバーガー

レタスのシャキシャキと、ベーコンの燻製感が、お店っぽさをさらに高める。

食パンバーガー

丸パンもバンズも手に入らない。そんなときはこれ。食パンの甘みで肉がさらにおいしく。

¥0

雨の日の思い出に

ホットケーキミックスでちぎりパン

ごめんね 30分
（生地を休ませる時間を除く）

休日の昼。それなのに、あいにくの雨。
ねぇ覚えてる？ あの日も雨だったよね。
鼻の頭にホットケーキミックスをつけて、
笑いあったあなたと私。
ずっとこのまま、こね続けていたかったな。

材料（20㎝のフライパン1台分）

- ホットケーキミックス …250g
- 牛乳…1/2カップ
- サラダ油…大さじ2

A
ソーセージ（5㎜幅に切る）…3本
スライスチーズ（ちぎる）…4枚
粗びきこしょう…少々

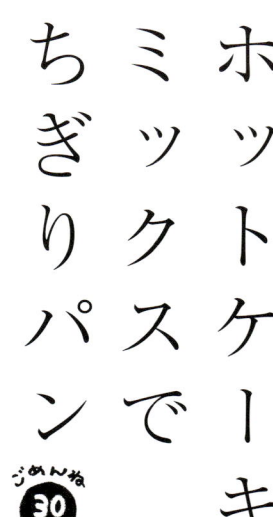

作り方

1/2カップ

①大きめのボウルに**ホットケーキミックス**を入れ、中心をあける。**牛乳**を注いで、中央から混ぜる。

大さじ2

②ざっと混ざったら**油**を加え、1〜2分混ぜる。

ソーセージ
チーズ、こしょう

③表面がなめらかになったら、**A**を加えて均一になるまでさらに練る。

④形を丸くしてボウルに入れ、ラップをかけて室温で20分おく。

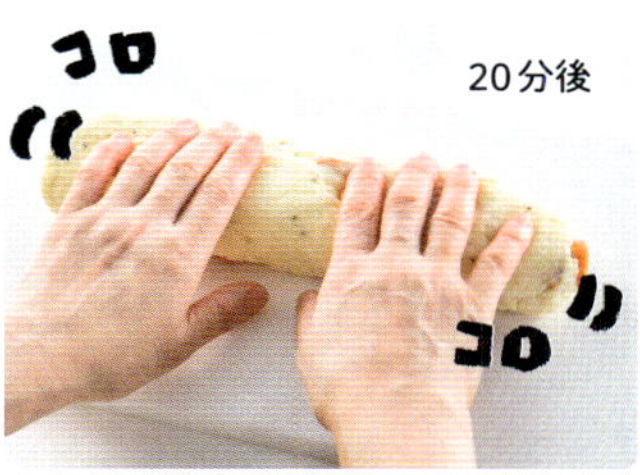
20分後
コロ
コロ

⑤生地をまな板に取り出し、転がしながら棒状にのばす。

つ、つぎ俺のばん…！

⑥15等分し、手のひらで丸める。

フライパンは20cmよ

⑦フライパンにオーブンシートを敷き込み、パン生地を詰める。

ドキドキ

⑧フタをして中火にかけ2〜3分焼き、弱火にして5分焼く。

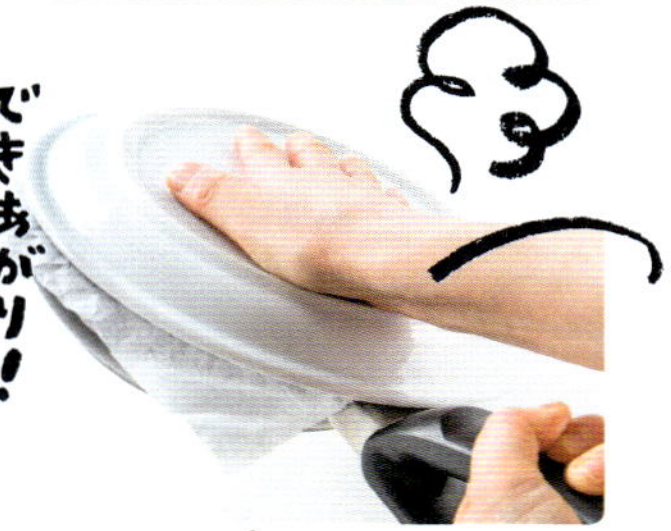
できあがり！

⑨フタを外し、シートごと皿に取り出し、フライパンをかぶせて上下を返す。弱火で10〜12分焼く。

アメリカンドッグの味がする〜♪

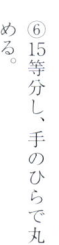

外食よりも
安くて楽しい
休日ワンプレート
定食

前を通るたびに気になっていた、あのカフェ。

何度食べてもおいしい、あのカレー屋さん。

ああ、外で食べる休日のお昼ごはんって、なんて楽しいんでしょう。

「でも、お金もかかるし毎週は無理かな」

「近くに食べるところ、あんまりないし」

「子どもが小さいから、外はちょっと……」

そんな方もたくさんいらっしゃると思います。

でも、あの「ちょっと特別」な感じ、たまには味わいたいですよね。

そこでこの章では、外食気分を家でも味わえるメニューを集めました。

しかも「冷蔵庫に鶏肉が残っているから、今日は焼き鶏丼」というように
前日の夜に残った「メイン素材」から作れるものにしています。

さらに、すべて一つの器に収まるので、洗い物も最小限。

野菜の付け合わせは、どれも保存袋一つで作れます。

天気が悪くて外に出たくない日も、気分は晴れ、なメニューです。

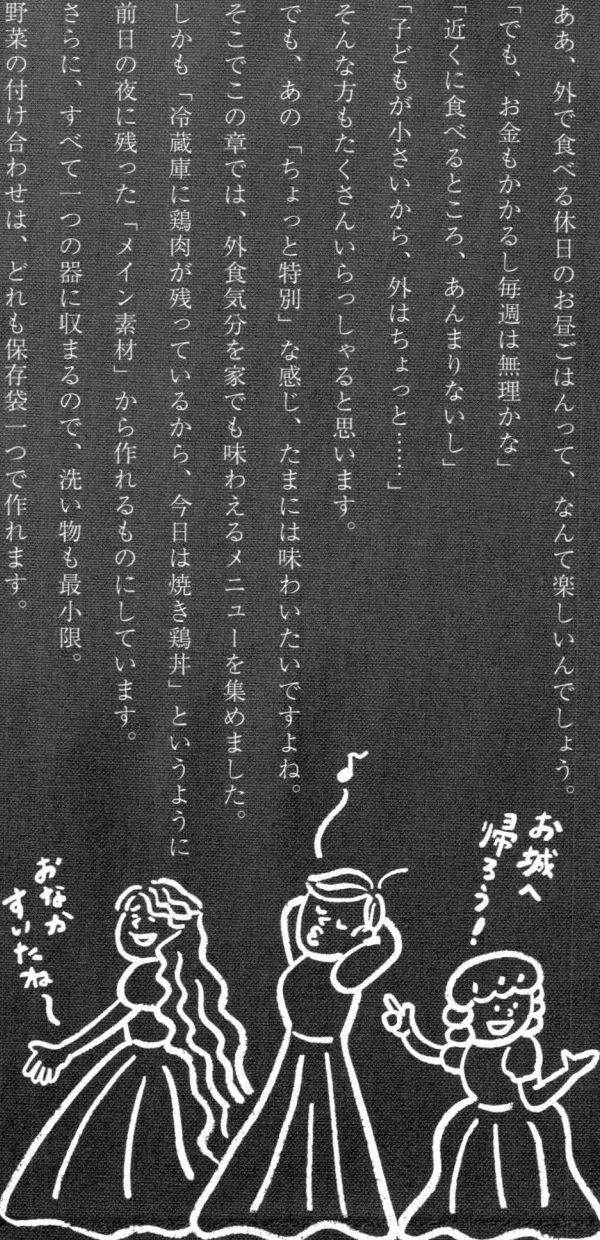

昨日の残ったひき肉で①

沖縄料理屋さんのタコライス

太陽。青い海。サンゴ礁。突然の雨。台風。咲き乱れるハイビスカス。屋根の上のシーサー。サンシンの音。かりゆし。カチャーシー。風に揺れるサトウキビ畑。イリオモテヤマネコ。美しい琉球舞踊。そびえるヤシの木。なかなかこないバス。心からの笑顔。タコライス。

しりしり風サラダ

材料（1人分）

- にんじん（ピーラーで帯状に切る）…1/2本（80g）
- ツナ缶（汁気をきる）…小1缶
- 酢・しょうゆ…各小さじ1

にんじんをジップ式の保存袋に入れ、**ツナ・調味料**を加えて手でもみ混ぜ、5分おいたらできあがり。

お店で食べると900円
だけど原価326円！
ウマソウ～！

材料（1人分）

A

合びき肉…100g
しょうゆ・砂糖…各小さじ1

- レタス（せん切り）…1枚
- ミニトマト（四ツ割）…4個
- ミックスチーズ（生食用）…30g
- ごはん…200g

B

ケチャップ…大さじ1・$\frac{1}{2}$
オリーブ油・中濃ソース…各小さじ1
一味唐辛子…小さじ$\frac{1}{3}$

ササッ 10分

作り方

①小鍋に**A**を混ぜ、中火にかけてよく混ぜながら、ポロポロになるまで2〜3分火を通す。

②器に**ごはん**を盛り、**レタス・①・トマト**を散らし、混ぜた**B**をかける。**チーズ**をふる。

このページを前に立てて食べてください

地鶏風

昨日の残った鶏肉で 焼き鳥屋さんのねぎ焼き鶏丼

へい、らっしゃい！ 焼き鳥屋の大将だ。おっとお前さん、そんなに熱したフライパンに鶏肉を入れちゃダメだよ！ ったく、だから素人は。鶏肉は、まだフライパンがぬるいうちに、皮目から入れんだ。こうするとゆっくり肉の温度が上がるから、肉汁たっぷり。皮はパリパリ。「どっかの地鶏？」って聞かれんだけど、じつはスーパーのだ。黙っといてくれよ。

簡単浅漬け ササッと 10分

材料（1人分）

- キャベツ（2cm幅に切る）…100〜150g

A 水・しょうが（チューブ）…各小さじ1
塩・酢…各小さじ1/2
砂糖…小さじ1/3

キャベツをジップ式の保存袋に入れ、**A**を加えて手でもみ混ぜ、5分おいたらできあがり。

お店で食べると
950円だけど、原価229円！
風？

材料（1人分）

- 鶏もも肉…1枚
- 長ねぎ（3cm長さのもの）…2本
- ししとう（穴をあける）…2本
- A
  - 梅干し（種を取って叩く）…2個
  - みりん…大さじ2
  - しょうゆ…小さじ1
  - 練りわさび…小さじ1/2
- ごはん…適宜

じめんね 20分

作り方

①**鶏肉**は**塩**（小さじ1/4）を身のほうにふって15分おく。

②フライパン（26cm）に**油**（小さじ1）を入れて中火で30秒熱し、皮目から**鶏肉・長ねぎ・ししとう**を入れる。強めの中火にする。

③**長ねぎ・ししとう**は表裏2～3分で焼けたら取り出す。**鶏肉**は表7～8分、裏3～4分焼く。

④**鶏肉**を切って野菜と**ごはん**にのせ、**A**をかける。

チャームポイントほめ比べ ～鶏さんの場合～

肉、いいよね！部位によって、味わいも食感も大きく違う。個性派集団なんだよね！

皮

濃厚な味わいだけあって、エネルギーはささみの約5倍。怖い！ 怖いほどおいしい！ 鶏肉のうまみが「これでもか」と凝縮してるから、ごはんがすすむったら。

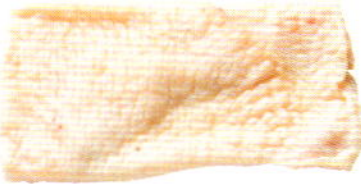

ささみ

こんなに低脂肪なのに、高タンパクなお肉、すごくない？ しっとり弾力もあるし。形が笹の葉に似ているから「ささみ」になったんだって。なんかインテリ！

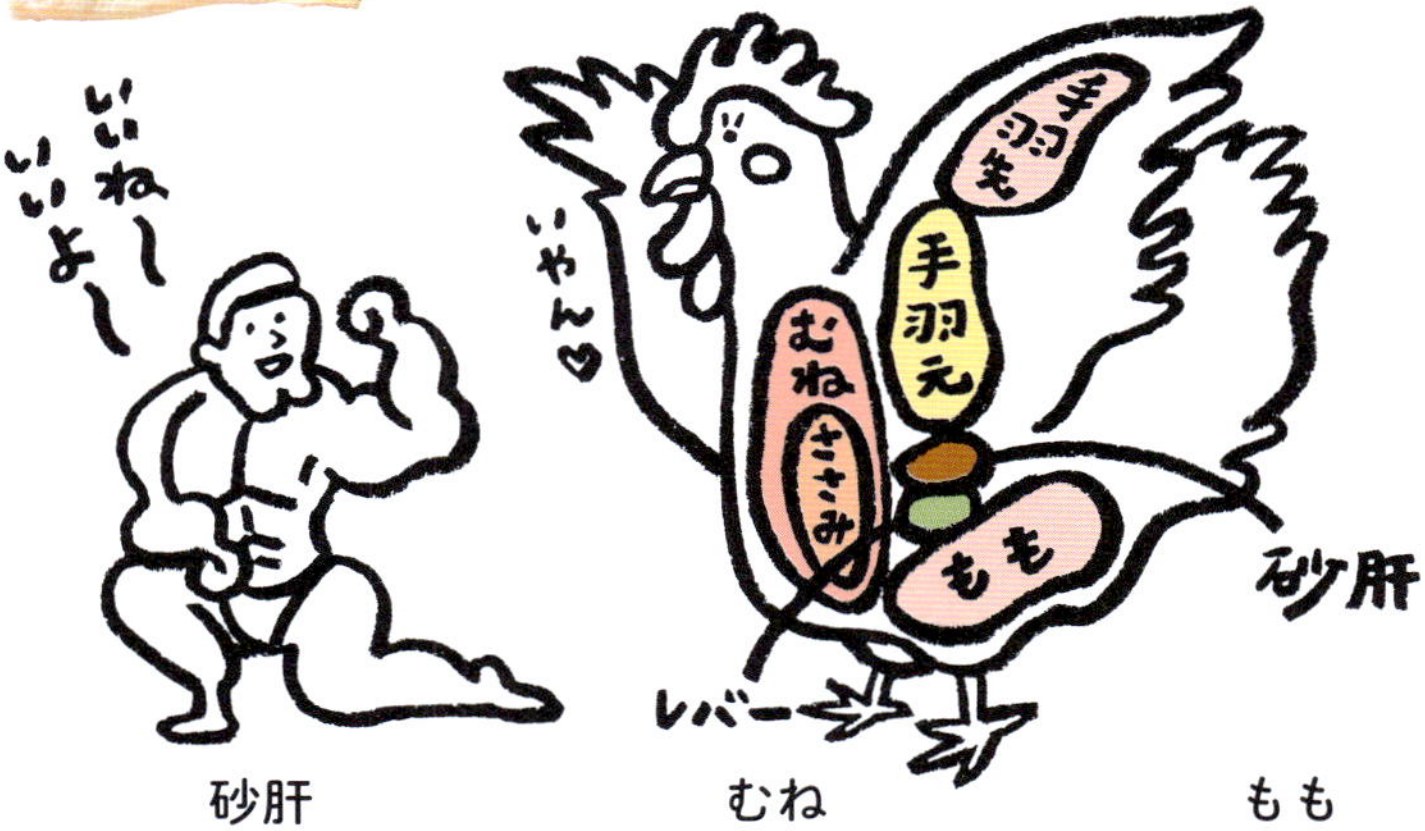
いいねー
いいよー
いやん♡
手羽先
手羽元
むね
ささみ
もも
砂肝
レバー

砂肝

砂肝って、胃の筋肉なんだって！ ここで餌をつぶして消化する手助けをしているので、筋肉が発達してコリコリした食感に。丼のアクセントにもいいよね！

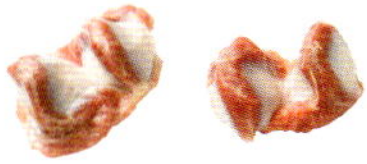

むね

脂肪が少ないけど、じつはうまみがしっかりあるのが魅力よね。スタミナ回復の成分も含まれてる、今注目の人気部位！

もも

多くの人に愛されるお肉。味にコクがあって、弾力のある歯ごたえ。じつは鶏肉の中だと鉄分が多いんだって。貧血のときに、絶対食べる！

ズボラーさんの平謝り

私は梅干しを叩くのがめんどうで、チューブの練り梅を使ってます。からしも、わさびもチューブ。にんにくも、しょうがも、ゆずこしょうもチューブ。夏を待ちきれなくて、夏を抱きしめてます。

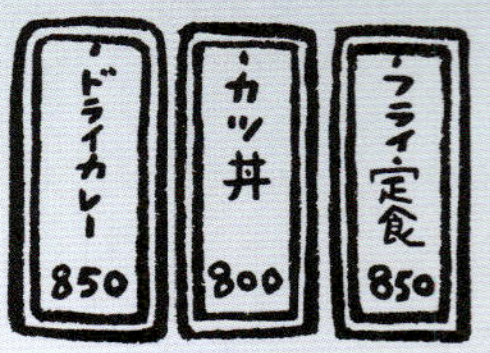

・ドライカレー 850
・カツ丼 800
・フライ定食 850

昨日の残ったひき肉で②

定食屋さんのドライカレー

あーら、いらっしゃい。定食屋の女将です。

カレーって、スイッチよね。食欲のスイッチ。だから「今日、何食べたいかわかんない」って日は、とりあえずカレーを作れば後悔しないわ。

でも、昼からカレー作るのってめんどうよね。そこでこのカレー。10分で完成よ。

熱々のうちに、生卵をスプーンで崩して食べて。しっとりぽってり、やみつきよ。

アチャール ササッと 10分

材料（1人分）

- 玉ねぎ…中1/2個
- A
  - 砂糖・レモン汁・サラダ油…各大さじ1
  - 塩…小さじ1/4
  - 一味唐辛子…少々

玉ねぎは繊維を断つように薄切りにする。ジップ式の保存袋に入れ、**A**を加えて手でもみ混ぜ、5分おいたらできあがり。

お店で食べると
850円だけど、
原価142円！

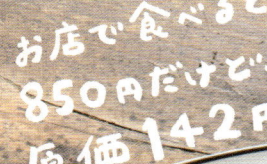

材料（1人分）

ササッと10分

A
- 合びき肉…100g
- 玉ねぎ（粗みじん）…1/4個
- にんじん（粗みじん）…30g
- にんにく・しょうが（チューブ）…各小さじ1/2

B
- 水…1/4カップ
- カレールウ（辛口・粗く刻む）…1皿分
- 中濃ソース…小さじ2
- しょうゆ…小さじ1

- ごはん…200g
- 卵…1個

作り方

①フライパン（26cm）に**油**（大さじ1/2）を中火で熱し、**A**を広げ、2分焼いて1分炒める。

②**B**を順に加えて混ぜる。

③**ルウ**が溶けたら、さらに中央をあけて**ごはん**を広げて1分焼き、均一になるまで炒める。

④器に盛り、**卵**を中央に落とす。

チャームポイントほめ比べ 〜豚さんの場合〜

肉、いいよね！豚肉って、どの部位もただ塩焼きにしてごはんにのせるだけで丼になるから、いいよね。

ロース

豚特有のうまみを含んだ脂が味わいたいなら、ここ。きめ細かい肉質とコクがたまらな〜い。「とんかつ用」としても人気！

肩ロース

「今日は豚気分」というときには絶対コレ。きめはやや粗いものの「これぞ豚肉」といううまみを感じる部位。ビタミンB_1・B_2も多いから、疲労回復にもいいよね！

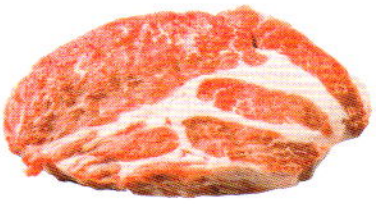

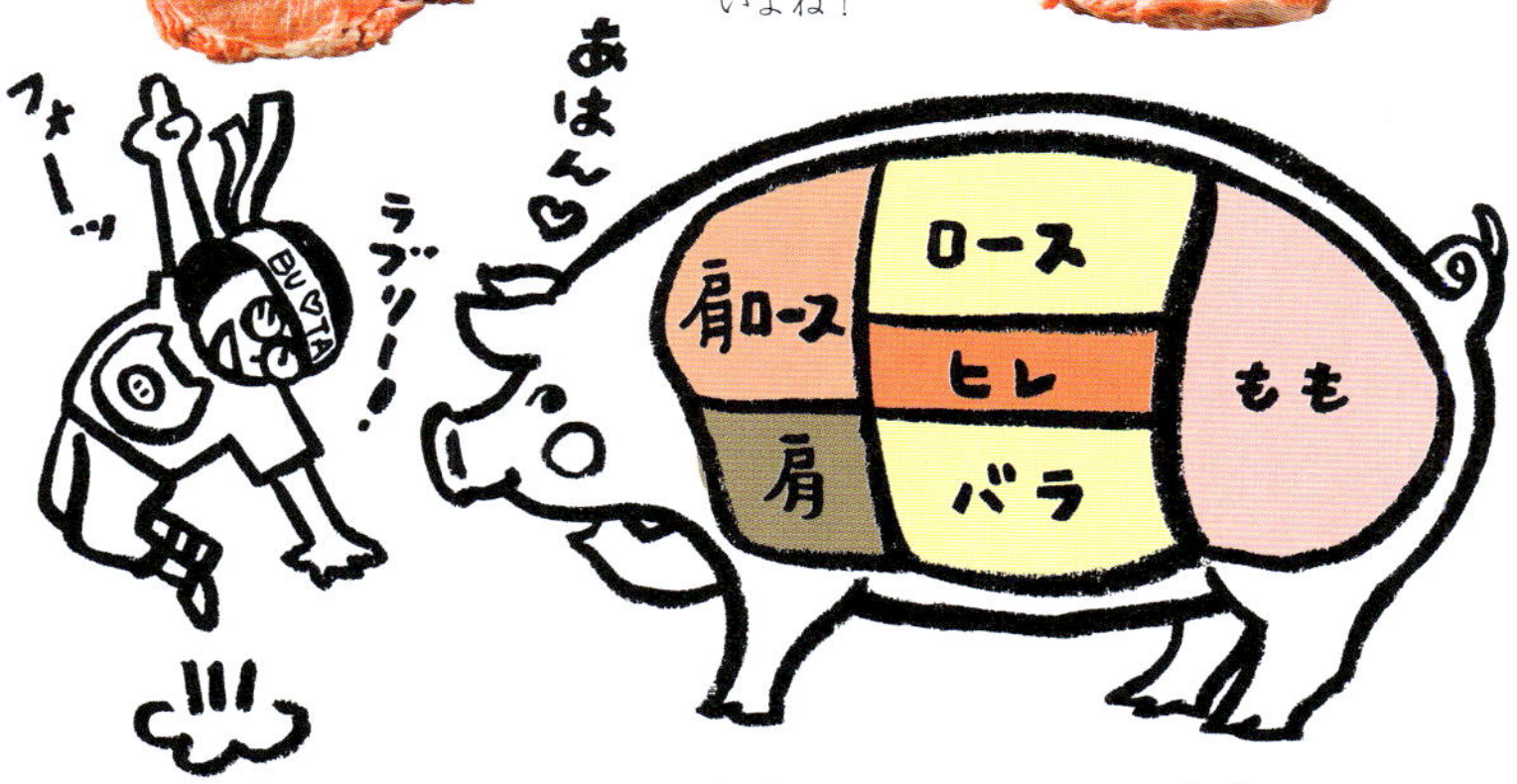
フォーーッ
ラブリー！
BUTA
あはん♡
肩ロース
ロース
ヒレ
肩
バラ
もも

バラ

ああ、この濃厚な脂！たしかに脂肪は多いけど、その背徳感がおいしさに火をつける。薄切りもいいけど、あえて厚切りを買いたい。いや買う！

もも

じつは、あのボンレスハムの原材料だって知ってた？赤身肉だから脂肪が少なくてきめ細かいんだよね！火を通しすぎないよう注意して。

ヒレ

肉全体の2%しかとれない超レア部位。しっとりした舌触りがシルキー。あっさりしているので、油を使った料理で食べたいよね。低カロ万歳！

ボクは豚さん推しだよ！
BUTA

ズボラーさんの平謝り

このドライカレー、もう、気が遠くなるほどおいしいです。私は野菜を無視してひき肉だけで作っちゃう。代わりにチーズをどっさり入れてるのがお気に入り。ハイカロリーついでに生クリームを入れるのもおいしいけど、そのあとのことは考えてません。

昨日の残った牛肉で

焼き肉屋さんのねぎ塩カルビ定食

ようこそ！　焼き肉店で料理長やってます。

焼き肉パーティーをした翌日、残ったいいお肉をさっぱり食べたいなら、ねぎ塩だれっすね。このたれ、何にかけてもうまいんすよ。

あーあーお客さん、肉、ひっくり返しすぎですって！　肉は、片面を長めに、裏返してからはサッと焼かないと、パサパサになっちゃいますよ。そうそう、その調子。

セロリとニラのキムチ

材料（1人分）

- セロリ（斜め5mm幅に切る）…1/2本（50g）
- ニラ（4cm長さに切る）…30g
- **A**　酢・しょうゆ…各大さじ1
  砂糖…小さじ1
  にんにく（チューブ）…小さじ1/2
- ラー油…10滴

野菜をジップ式の保存袋に入れ、**A**を加えて手でもみ混ぜ、5分おいたらできあがり。

お店で食べると1300円だけど、原価520円！

材料（1人分）

ササッと 15分

・焼き肉用牛カルビ肉…100g
・好みの野菜…適量
・サラダ油…小さじ2
A 長ねぎ（みじん切り）…1/2本（50g）
ごま油…大さじ1
酢・砂糖・白ごま…各小さじ1
塩…小さじ1/2
こしょう…多め
・ごはん…適宜

作り方

①フライパン（26cm）に**油**を中火で熱し、**肉**を表2分、返して30秒焼く。**かぼちゃ・ピーマン**などの**好みの野菜**を切り、火が通るまで焼く。

②**ごはん**を盛り、①をのせ、混ぜた**A**をかけていただく。

チャームポイントほめ比べ ～牛さんの場合～

肉、いいよね！

上のレシピではカルビだけど、ほかの部位の肉で試すのも焼き肉屋さんっぽくておすすめ。

牛ってやっぱり、偉大だな。

ロース

肩ロース、リブロース、サーロイン。この、牛の背中側の肉をまとめて「ロース」といいます。サシがたくさん入って、もう全面降伏！

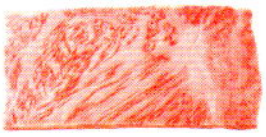

肩ロース

コクと風味のある脂。これぞ肩ロースの小悪魔的な魅力。「ザブトン」と呼ばれる希少部位も、この一部です。座れねぇよ！

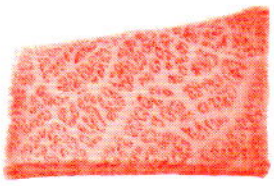

ヒレ

牛ヒレ。いや、牛フィレ。それは言わずと知れた高級食材。きめ細かい肉質が、舌の上で洗練された音色を奏でる！

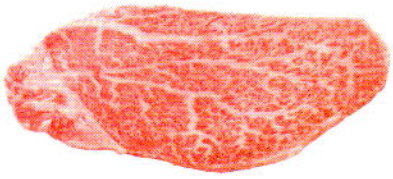

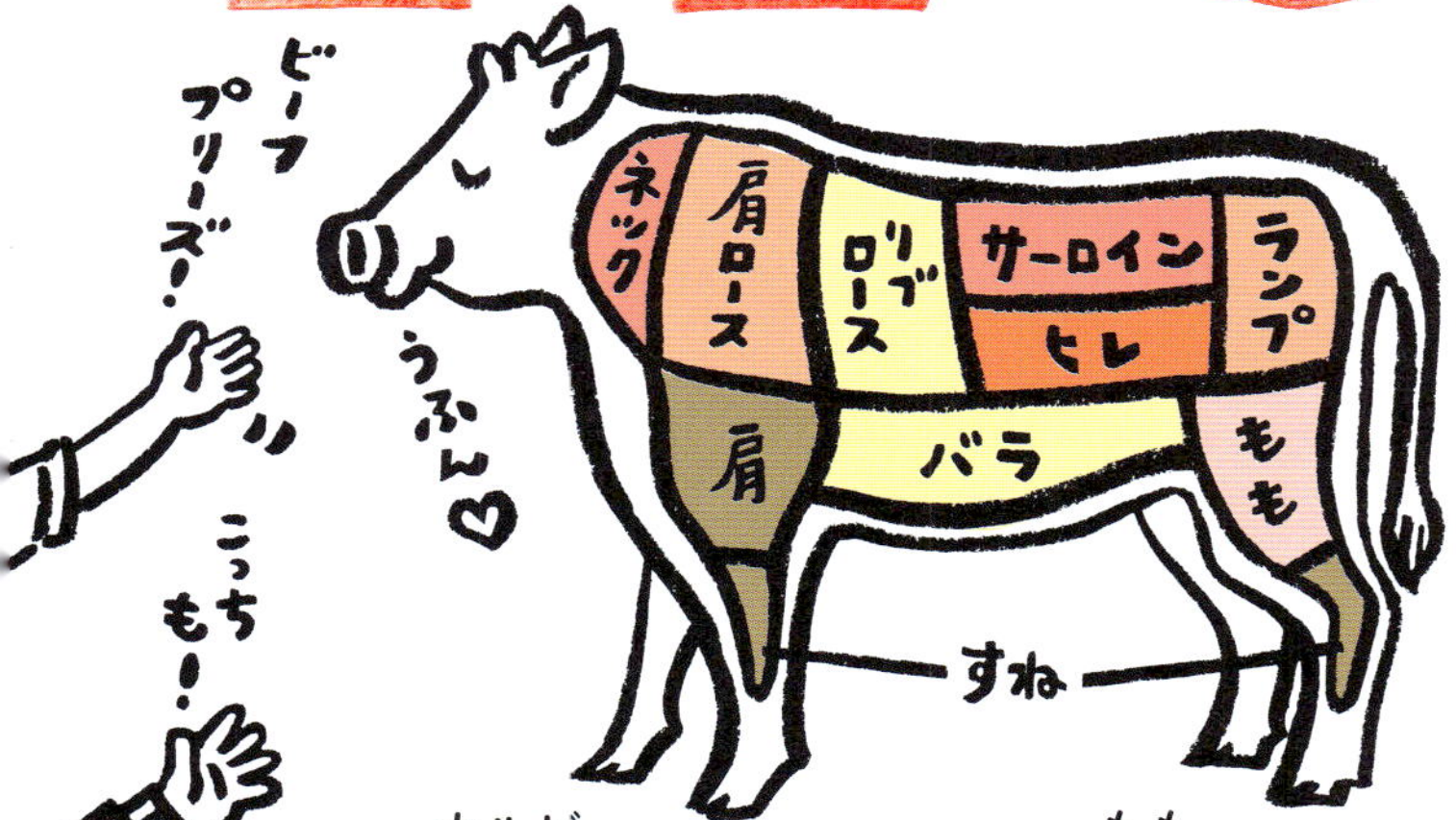
ビーフプリーズ！
こっちも！
うふん♡
ネック
肩ロース
リブロース
サーロイン
ランプ
ヒレ
肩
バラ
もも
すね

カルビ

「カルビ」ってじつは韓国語。

あばら骨周辺の、いわゆるバラ肉です。濃厚な味わいで、脂で米が甘くなる！

もも

あっさりしてて淡白？ ノンノン。噛めば噛むほど、肉のうまみがぎっしり詰まっていることに気づくはず。さあ噛もう！

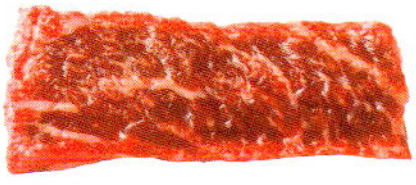

ビーフオア
ビーフ？

ズボラーさんの平謝り

焼肉用のお肉って高いから、1枚で、ごはん1杯くらい食べてます。

脂が多いカルビにしっかり味を付けて、ちびちびかじって、ごはんをかきこむしあわせ。

脂で米が甘くなる！ 6枚入りを買えば、6杯は食べられます。ああ、これじゃ男子中学生！

昨日の残ったお刺身で

和食屋さんの3回楽しむ漬け丼

あそこに飛びこむの…？
意外とナッツ

いらっしゃい。和食一筋20年。残った刺身は、あっしにまかせてくれればいい。

刺身ってのは、漬けにすると、余計な水分が抜けるんです。するとギュッとうまみが残って、濃厚で、ごはんに合うんですよ。ごまの香りを効かせてね。そのまま食べてもうまい。だけど、薬味をのせて、熱いお茶か冷茶をかけて、3回は楽しめます。

あっしなんかは、薬味にナッツやくだいたあられ、ごま油で冒険しちゃいますね。これが「通」ってやつなんです。

やっぱりごま油
ごま油
合うに決まってんじゃん！

お店で食べると
1000円だけど…
原価484円！
どぽっ
ヨイショ
くだいたあられ

材料（1人分）

ササッと10分

・刺身盛り合わせ（白身・まぐろ・いかなど）…100g

A しょうゆ…大さじ1
水…小さじ2
みりん・すりごま…各小さじ1
練りわさび…小さじ$\frac{1}{2}$

ごはん…200g
のり…適宜
青じそ（せん切り）…2〜3枚
白髪ねぎ…適宜

作り方

① **刺身**に、**A**を加えてよく混ぜ、前日につけておく。当日の場合、10分程度つける。

② **ごはん**にちぎった**のり**を散らし、①を盛り、**青じそ**を散らす。**白髪ねぎ**や、お茶を注ぐなど変化をつけていただく。夏は冷茶でも。

魚の栄養ラップバトル

「魚」といってもいろいろいるぜ。栄養だっていろいろだ。ほしい栄養があるんなら何を選ぶか考えYO！

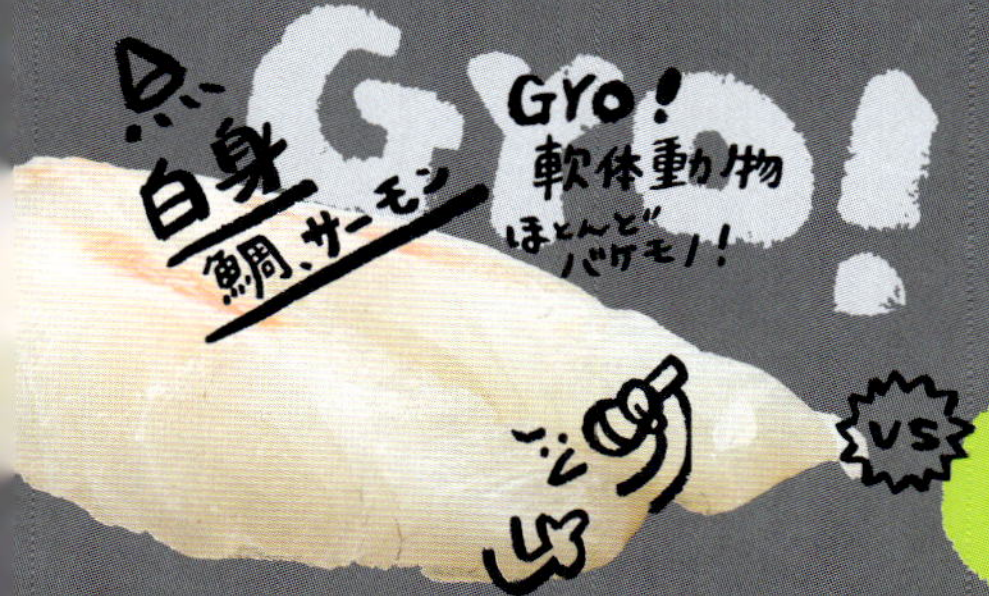
白身
鯛、サーモン
GYO!
GYO!
軟体動物
ほとんどバケモノ!
VS

➡カロリーが低めなので、たくさん食べられる。

➡赤身や青背の魚より、身にうまみが多いので、だしが多く出る。

➡サーモンは、じつは白身魚。

魚介
いか、たこ、えび
だしにタマシイ売ったヤツ!
GYYO!
GYO!

➡いか・たこは、体力や免疫力をつけるタウリンが含まれている。アルコールの代謝を促す働きも。

➡えびの赤いところには、抗酸化物質であるアスタキサンチンが含まれている。

赤身
まぐろ、かつお
GYO!
意志なく
群れ成す
小者ども!
VS

➡鉄分が多く摂れる。

➡肉のような食感とうまみでボリュームが出る。

青背
鯖、いわし、あじ
お前の
人生、
止まれねえ
GYO!

➡含まれている脂肪酸が、体に取り入れると変化し、老化防止などに効果を発揮。

➡高温になると酸化するので、焼くよりも生で食べたほうがいい。お茶漬けにすれば、溶け出た脂肪分もとり入れられる。

GYO! GYO! GYO! GYO!

いろいろ休日昼ごはん

結局、休日って、何でしょう？
それは、日常の中の非日常。
ルーティンを繰り返す日常ではなく
いつもと違った時間の流れ方をするのが、休日です。
ですからその目的やすごし方も、
きっと毎週違いますよね。
夜ごはんに重点をおきたい人、
胃を休めたい人、よりゆかいな時間にしたい人。
この章は、「おいしいものを、簡単に」だけではなく
もう一歩踏み込んだ目的をかなえる昼ごはんをご紹介します。
「日曜の昼間には、もう休みが終わるのかと憂鬱……」
という方も多いとは思いますが、
そんな気持ちを吹き飛ばせる力を持つのが、昼ごはんの冒険。
休日の隅っこまで十分に味わってから
私たちは、また日常を刻んでいくのです。

天気はいいけど予定はない

フライサンドでピクニック

青い空。元気な太陽。暑くも寒くもない気温。そして、真っ白なスケジュール。

これさえそろえば、それは、ピクニックの合図です。

何も無理してお弁当を作ることはありません。スーパーでフライを買って、食パンに挟む。タルタルソースだけ作れば、準備気分も高まります。

公園のベンチで、家のベランダで。「ああ、お休みだなあ」と実感できるお昼ごはん。

トーストしてね

材料（作りやすい量）

ごめんね 20分

- 食パン（8枚切り）…6枚

とんかつサンド
- とんかつ（ロース）…1枚
- ウスターソース…大さじ2
- キャベツ（せん切り）…100g

パンに塗るもの
- バター・練りからし…適宜

えびフライサンド
- えびフライ…2〜3本

パンに塗るタルタルソース
- ゆで卵（粗みじん）…1個
- ピクルス（または玉ねぎのみじん切り）…大さじ1
- マヨネーズ…大さじ2〜3
- 酢…小さじ1

フィッシュフライサンド
- 白身魚フライ…2枚
- 玉ねぎ（薄切り）…20g

パンに塗るもの
- マヨネーズ…大さじ2
- 粒マスタード…大さじ1

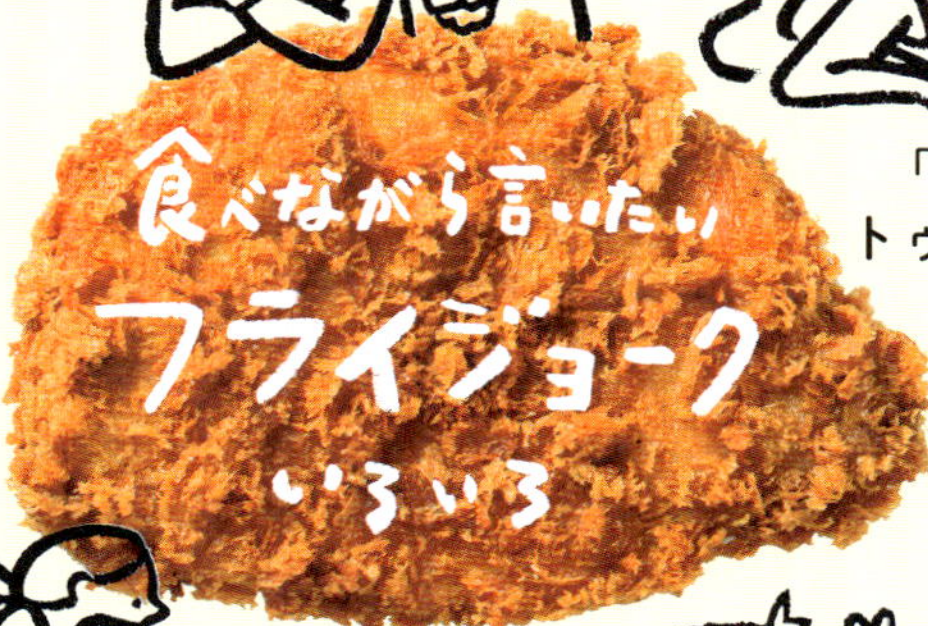
食べながら言いたい
フライジョーク
いろいろ

フラダンスを踊りながら「フライダンス」と言う

フライ・オ・エ〜

「そんなフライ顔するなって!」と励ます

「フライ・ミー・トゥ・ザ・ムーン」を歌い出す

あっ

「ちょっとー先に食べちゃダメじゃん。フライングだよ!」と言う

1 FRY TARO
SCORE /0000000

「キス・アンド・フライ」と言いながら金メダルをとったときのリアクションをする

ズボラーさんの平謝り

雨の日に、窓の外を見ながら家で食べる昼ごはんが好きです。

何でしょうね、あの「外は大変そうだなあ〜。でも私は快適な家にいるのよね〜」と思う優越感。

え、私、もしかして性格悪い？ ズボラで性格悪いなんて、ちょっと、どうしよう!?

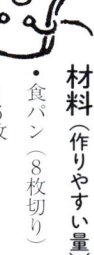

食べすぎたからリフレッシュしたい

ねぎら胃《い》サラダ

こんにちは。ぼく、胃だよ。ねぇそこの君、ちょっと食べすぎじゃない？

君は知らないかもしれないけど、胃液を出すのって、結構エネルギー使うんだよ。

聞いたよ。今日、休みなんだって？ じゃあ、僕も休む！ え、何か食べたい？ しょうがないな。野菜は生より加熱したもの、たんぱく質は低脂肪のものが消化がいいんだ。ついでに発酵食品の味噌も摂ってくれ。

あ、いい音が聞こえる。気持ちいいから、ちょっと昼寝させてもらうよ。おやすみ胃～。

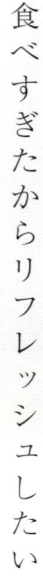

ササッと 15分

材料（1人分）
- いんげん…10本
- オクラ…5本
- スナップエンドウ…10本
- ささみ（縦半分に切る）…2本

A
- ミックスナッツ（刻む）…30g
- 長ねぎ（みじん切り）…30g
- オリーブ油…1/4カップ
- 味噌…30g
- みりん…大さじ2

作り方

①ドレッシングを作る。小鍋にAを入れてよく混ぜ、中火にかける。2～3分混ぜながら煮る。

②フライパン（20cm）に、具材を並べ、**水**（1/4カップ）・**サラダ油**（小さじ1）をかけてフタをし、中火にかける。

③煮立ったら弱火で6分、火を止めて5分蒸らす。

胃腸に一石二鳥《胃っせきに腸》！食べるドレッシング

ドレッシングは野菜をおいしくするだけ？いえいえ、じつはどんなものを選ぶかで「おいしい」と「胃腸にいい」どちらもかなえることができるのです。

ジンジャーヨーグルトドレッシング

ヨーグルトの乳酸菌が一緒に摂れるお得なドレッシング。しょうがの刺激が心地よく、体にいいことしてる感を味わえます。

材料（1人分）
- プレーンヨーグルト…大さじ4
- 酢・しょうゆ・サラダ油…各大さじ1
- 砂糖・しょうが（チューブ）…各小さじ1

豆乳ドレッシング

あっさり＆クリーミーな豆乳。野菜の青みと酸味・コクがマッチして、軽やかにポリポリ食べられます。動物性のたんぱく質じゃないから胃もたれなし！

材料（1人分）
- 豆乳…大さじ4
- 酢・サラダ油…各大さじ1
- 砂糖…小さじ1
- 塩…小さじ1/2

アップルドレッシング

皮の赤みがピンクに変わり、目にも鮮やかなドレッシング。りんごは酸味のあるふじやジョナゴールドを。フレッシュな甘みと香りで、リフレッシュ間違いなし。

材料（1人分）
- りんご（皮つきのまますりおろす）…1/4個（50g）
- 酢…大さじ2
- サラダ油…大さじ1
- 砂糖…小さじ1
- 塩…小さじ1/2

今夜は外食。だから、食べすぎたくない

前菜草鍋

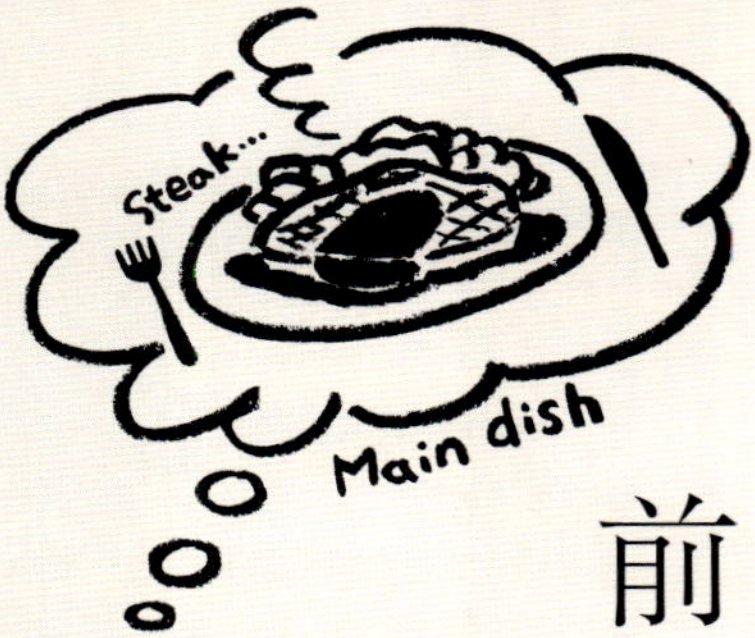
Steak…
Main dish

こんにちは。ぼく、胃だよ。何？　今日の夜は外食だって？　だったら昼は軽いものにしといてくれよ。だって昼が消化しきれてなかったら、せっかくの外食なのに、おいしくないよ？

え、たらふく食べたい？　またかい。しょうがないな。じゃあ、この草鍋を夜ごはんの「前菜」にしなよ。加熱した野菜や、エネルギー消費の早いたんぱく質なら、お腹は膨れるのに消化はいいんだ。とろろだれもおいしいよ。

これを食べておいてくれたら、夜は僕、胃《い》っしょうけんめ胃《い》働くよ。頼んだよ！

Appetizer
YAKINIKU
TONKATSU…

材料（1人分）

- 油揚げ…1枚
- レタス…2〜3枚
- 水菜…50g
- パプリカ…1/4個
- えのき…50g

A
水…1・1/2カップ
昆布（5cm角）…1枚
みりん…大さじ1
しょうゆ…小さじ1
塩…小さじ1/2

- 長芋…正味100g
- ゆずこしょう…小さじ1/2

ササッと 10分

作り方

① **油揚げ**は油抜きをし2cm幅に切る。**レタス**はちぎり、**パプリカ**は細切り、**水菜**は7cm長さに切る。**えのき**は小房に分ける。

② **長芋**は、皮をむいてすりおろし、**ゆずこしょう**と混ぜる。

③ 鍋にAを入れて中火にかけ、煮立ったら①を適宜入れて火を通す。②につけていただく。

豆腐なる一族

私たち豆腐なる一族は、たんぱく質が摂れるうえに消化もよいのだ。
「夏場に鍋は暑い」と言うのなら、
土鍋ごと冷蔵庫で冷やして、豆腐サラダにするがいい。
納豆、青じそ、ゆずこしょう。
誰と組み合わせるかによって、休日の運命は決まる…！

相性いいけど なれあいがち
納豆
夫婦
共依存
たまにはいいけど 毎日はちょっと…
ゆずこしょう
小料理屋のママ
利用
あればうれしい なければどうでもいい
青じそ
元恋人
独占欲
ツナ
大変そうだから 俺が 代わって やろうか？
ライバル
なくして初めて 気づく大切さ
ねぎ
遊び
真実の愛

ズボラーさんの
平謝り

ヘルシー派の方に忖度して、この草鍋を入れてもらったけど、私はここについウインナーとか入れちゃうんだよね。卵も落としてさ。あげくのはてに、〆にごはんとか入れちゃってさ。これ、もう、"草鍋"じゃないよね。草原に、ライオン出てるよね……。

なんか休日っぽいことしたい

背徳感の昼飲みサラダ

赤、白、泡。さあどれから飲みましょう？

休日っぽさを感じられる、いちばんの感情。それは「背徳感」。「昨日のこの時間、まだ働いてたな」と思いながらワインの栓をあけ、太陽にグラスをかざす。心の中の真面目な自分が困った顔をしているこんなとき、「休日！」を強く感じるのです。

でも、おつまみが揚げ物だと「背徳感」が「罪悪感」になってしまう、という方にはサラダを。

共通ドレッシング

［**材料**］

- 酢・サラダ油…各大さじ4
- オレンジジュース（100％果汁）…大さじ2
- 塩・練りからし…各小さじ1
- こしょう…少々

小瓶や、保存容器などに入れ、よくふって混ぜ合わせる。

どれも1500円前後で買えるものばかり。ワインにしては、お手頃でしょ？

キコ・オダマ
おすすめ

スパークリングワイン

シュワシュワとした泡が、
口の中で「特別よ」と弾けるスパークリングワイン。
ちなみに「シャンパン」と呼ばれるのは
フランス・シャンパーニュ地方のものだけよ。

イタリア（ヴェネト州）

ブドウ…**ピノ・ネーロ、ラボーゾ**

じつは生ハムとの相性がいいのがロゼ。りんご、ラズベリーなどのフルーツや花の香りがして、飲んだ瞬間癒やされる華やかワインよ。辛口だけど。

おすすめワイン

ボッテガ ヴィーノ・ディ・ポエーティ ロゼ

スペイン（カタルーニャ州）

ブドウ…**マカベオ、パレリヤーダ、チャレロ**

生ハム、オリーブとの相性がいいこのワイン。酸味とうまみのバランスが抜群なの。カタルーニャはカヴァの代表生産地よ。辛口だけど。

おすすめワイン

カヴァムッサ ブリュット

フランス（ボルドー）

ブドウ…**シャルドネ**

シャープで、かつフルーティ。細かい泡が長く持つのが特徴よ。すっきりしていて後口も軽いわ。美しい余韻にうっとりしちゃう。辛口だけど。

おすすめワイン

ブルエット・プレステージ
ブラン・ド・ブラン・ブリュット

材料（1人分）

ササッと 7分

・生ハム（プロシュート）…4〜6枚
・グリーンリーフ…2枚
・お好みのベリー…50g
・カットフルーツ（パイン）…50g
・モッツァレラチーズ…30g

作り方

材料は食べやすい大きさにちぎるか切る。ボウルに材料と**共通ドレッシング**（大さじ2〜3）を混ぜて盛り付ける。

生ハムとフルーツのサラダ

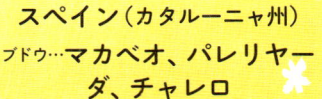

白ワイン

スモークサーモンには
私はやっぱり南フランスのシャルドネね。
暖かい地方のシャルドネは、香りが強くて、
燻製の香りにだって負けないの。
それから魚介に合わせる定番、
ピノ・グリもいいわ。よく冷やして飲んでね。

フランス（ラングドック）

ブドウ…シャルドネ

パッと感じるレモンやオレンジといった柑橘の香り。キリッとした酸味が心地よく、ずっと飲んでいても全然飲み飽きないの。南フランスらしい、親しみと品があるワインね。

おすすめワイン

ドメーヌ・ド・ムーリーヌ シャルドネ

ニュージーランド

ブドウ…ピノ・グリ

ちょっと個性のあるスパイシーな香り。さまざまな産地のピノ グリをブレンドしているので、香りやうまみが複雑よ。ギュッと凝縮した飲みごたえもあるわ。

おすすめワイン

ヴィラ・マリア プライベート・ビン ピノ・グリ

スモークサーモンとルッコラのサラダ

材料（1人分）

- スモークサーモン…6枚
- ルッコラ（5cm長さに切る）…30g
- にんじん（細切り）…20g
- 紫玉ねぎ（薄切り）…1/4個

作り方

ボウルに**野菜**を入れ、**共通ドレッシング**（大さじ2〜3）を絡めて盛り付ける。大きくちぎった**スモークサーモン**をのせる。

ニュージーランド

ブドウ…ソーヴィニヨン・ブラン

柑橘の香りとさっぱり感が特徴。これぞ、ソーヴィニヨン・ブランよね。後口はキリッと辛口だけど、親しみやすいおおらかさのある味。魚介、鶏肉のソテーとも合うわよ。

おすすめワイン

ヴィラ・マリア プライベート・ビン ソーヴィニヨン・ブラン

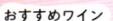

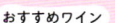

赤ワイン

「肉には赤」が常識だと思っているみなさん。
そう、常識よ。でもローストビーフ、
そして苦みのある野菜に合わせるとしたら、
断然「軽めの赤」なの。適度な酸味があり、
甘みや渋みが少ないものがいいわ。

フランス（ボルドー）

ブドウ…メルロー、カベルネフラン

どことなくカラメル。木の実や栗を思わせるまろやかな深み。カシスや木いちごなど甘みのある香り。スパイスの効いた料理との相性がいい、昼にはもってこいのボルドーね。

おすすめワイン

シャトー サン・ミッシェル
ボルドー・スペリュール

アルゼンチン

ブドウ…カベルネ・ソーヴィニヨン

深みのあるこしょうのようなスパイシーさが印象深いこのワイン。適度な重み、渋みがあって、飲みやすいわ。アルゼンチンは、比較的評価が高くてコスパがいいの。昼に飲むにはお手頃よ。

おすすめワイン

カテナ アラモス
カベルネ・ソーヴィニヨン

イタリア（トスカーナ）

ブドウ…サンジョベーゼ・アリカンテネーロ

あらふしぎ、渋みが残りにくい赤ワインなんて。酸味も少なく、リッチで品のあるボリューム感があり、適度にスパイシー。初夏や昼下がりに飲むならこれ。

おすすめワイン

マッツエイ
ベルグァルド・セッラータ

ローストビーフとクレソンのサラダ

材料（1人分）

- ローストビーフ…8枚
- クレソン（5㎝長さに切る）…30g
- 長ねぎ（斜め薄切り）…30g
- ミニトマト（横半分に切る）…4個
- ミックスナッツ…20g
- 粗びきこしょう…少々

ササッと 7分

作り方

ボウルに**野菜**、**ローストビーフ**を入れ、**共通ドレッシング**（大さじ2〜3）を絡めて盛り付ける。**粗びきこしょう**、くだいた**ナッツ**をトッピングする。

ズボラーさんの平謝り

昼飲み、私はビール派です。夜も飲みたいから、オレンジジュースとかトマトジュースで割ってます。長く飲めるから結局夜まで、ずーっと飲んでます。背徳感……って何だっけ。

もう、何にも作りたくない…
甘いパンとコーヒー

さて、ここまでいろいろご紹介してきましたが、「もう何も作りたくない」という日もありますよね。

料理本としてはご法度ですが、そんな日は、パン買っちゃいましょう。せめて矜持として、パンとコーヒーのマリアージュを提案します。

昼ごはんは、「作る」だけでなく「味わう」ことも冒険です。少しでも自分が好きな「おいしい」を発見できれば、お腹と同時に、心も満たされていくのです。

クイニーアマン＆酸味の効いたコーヒー

×

「甘みの極地」ともいえるクイニーアマン。砂糖が固まったカリカリと、バターたっぷりしっとり生地が、口内で音楽を奏でる素晴らしきパン。タンザニア産のキリマンジャロやケニアなど、酸味の効いた銘柄との組み合わせがおすすめです。

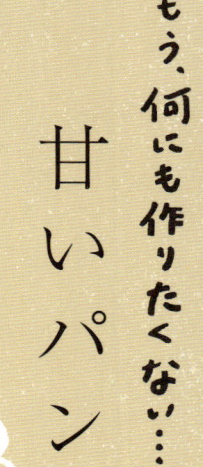

バームクーヘン＆カフェオレ

しっとり、ふんわりした、食べる年輪。ミルクのまったり感がバームターヘンの風味を何倍にも膨らませ、コーヒーのほのかな苦みに癒やされる組み合わせです。

あんパン＆シナモンミルクコーヒー

あんことシナモンがこんなに合うって、ご存じでした？ クセが強いあんの風味は、シナモンのスパイシーさが重なると、意外と「へえ〜!」なおいしさに。ミルクとあんの相性は言わずもがな。

カスタードデニッシュ＆深煎りローストコーヒー

卵のいいところ、全部のせ！ なカスタード。深煎りローストコーヒーの苦みは、カスタードのまろやかさを全部受け止め、そして引き立ててくれます。ああ！ なんでもいいから早く食べたい！

MAP
うどんプリマたちの劇場
もやし王国
MOYASHI MOYASHI
麺の島
恐怖！
小皿地獄
ソース
あんかけの沼
再雇用された
調味料の林
きゅうりの
御一行と
出会ったところ
パスタの
妖怪が出現
せわしない
江戸っ子そば太郎
パスタしかない
レストラン
土子の花畑
チャーハンな
米詩人のすみか
寿司桶
踊りの会場
米の島
頭募楽流
空手道場
テキトウジャーの
部室《アジト》
焼き飯な米詩人の
すみか
日曜日だらけの
時空のはざま
ドリアおばさんの
お家

冒険
パンの島
ハンバーガーマウンテン
塩もみ
水族館
しまうまだけ
動物園
学園のパンケーキバトル
ワンプレート商店街
焼き鳥屋さん
和食屋さん
焼き肉屋さん
沖縄料理屋さん
定食屋さん
さあ、
次の休日は、
どこへ行く？
キコ・オダマの
ワイン蔵
ランチ王国
ベーカリー＆カフェ
ピクニック
した庭
胃を休めた城の食堂

休日が
楽しみになる
昼ごはん

2018年11月13日　第1刷発行
2019年5月9日　第4刷発行

料理　小田真規子
文　谷綾子

AD　三木俊一
デザイン　中村妙（文京図案室）
イラスト　仲島綾乃
撮影　志津野裕計、大湊有生、石橋瑠美（クラッカースタジオ）
P103写真提供　studio-kerasa荒田正信
スタイリング　本郷由紀子
調理スタッフ　清野絢子、小林優子（スタジオナッツ）
ハイパークリエイティブディレクター　大野正人
校正　株式会社ぷれす

発行者　山本周嗣

発行所　株式会社文響社
〒105-0001　東京都港区虎ノ門2-2-5　共同通信会館9F
ホームページ　http://bunkyosha.com
お問い合わせ　info@bunkyosha.com

印刷　株式会社廣済堂
製本　大口製本印刷株式会社

ISBN 978-4-86651-097-2
Printed in Japan
この本に関するご意見・ご感想をお寄せいただく場合は、郵送またはメール（info@bunkyosha.com）にてお送りください。

小田真規子（おだ まきこ）

料理研究家、栄養士。スタジオナッツを主宰し、レシピ開発やフードスタイリングの他、中学校技術・家庭教科書の料理監修などさまざまな食のニーズに携わる。「誰もが作りやすく、健康に配慮した、簡単でおいしい料理」をテーマに著書は100冊に上り、料理の基本とつくりおきおかずの本は、ベストセラーに。雑誌「オレンジページ」「ESSE」や、NHKテレビ「あさイチ」では定期的にコーナーを担当、わかりやすいレシピにファンも多い。著書に『料理のきほん練習帳（1・2）』（高橋書店）、『つくりおきおかずで朝つめるだけ！ 弁当（1〜5）』（扶桑社）、本書の第1弾『一日がしあわせになる朝ごはん』（文響社）は2016年料理レシピ本大賞in Japan準大賞を受賞。

谷綾子（たに あやこ）

編集者。『料理のきほん練習帳』（高橋書店）、『一日がしあわせになる朝ごはん』『私が最近弱っているのは毎日「なんとなく」食べているからかもしれない』『たとえる技術』『うんこ漢字ドリル』『失敗図鑑』（文響社）などを手がける。創刊した『こころのふしぎ なぜ？ どうして？』を含む「楽しく学べるシリーズ」は、累計200万部を突破。